安徽省高等学校省级质量工程项目立项教材
精品课程新形态教材
21 世纪应用型人才培养系列教材
新时代创新型人才培养精品教材



# 师范生实习指导手册

主编 / 陈建兵 / 李九云

辽宁大学出版社
Liaoning University Press | 沈阳

**图书在版编目（CIP）数据**

师范生实习指导手册/陈建兵，李九云主编.
沈阳：辽宁大学出版社，2025. 7. --（精品课程新形态教材）（21 世纪应用型人才培养系列教材）（新时代创新型人才培养精品教材）. --ISBN 978-7-5698-2054-6

Ⅰ. G652.44

中国国家版本馆 CIP 数据核字第 20259AR577 号

**师范生实习指导手册**

SHIFANSHENG SHIXI ZHIDAO SHOUCE

出 版 者：辽宁大学出版社有限责任公司
（地址：沈阳市皇姑区崇山中路 66 号　　邮政编码：110036）
印 刷 者：涿州汇美亿浓印刷有限公司
发 行 者：辽宁大学出版社有限责任公司
幅面尺寸：185mm×260mm
印　　张：10.5
字　　数：230 千字
出版时间：2025 年 7 月第 1 版
印刷时间：2025 年 7 月第 1 次印刷
责任编辑：李天泽
封面设计：高梦琦
责任校对：吴芮杭

书　　号：ISBN 978-7-5698-2054-6
定　　价：39.00 元

联系电话：024-86864613
邮购热线：024-86830665
网　　址：http://press.lnu.edu.cn

# 《师范生实习指导手册》编写委员会

主　编：陈建兵　李九云

副主编：鲁　萍　杜媛媛　徐　菲　王家成

编　委：周　恺　陆克中　魏鸿飞　余义兵

鲍红信　张　永　汪义贵　陈丽雯

李应华　洪　锋　陆志敏　陈广士

陈淑萍　陈春雷　谭甲文　路广宏

方　向　李　琼　高　扬　荣慧芳

# 前　言

党的二十大报告中指出："坚持以人民为中心发展教育，加快建设高质量教育体系，发展素质教育，促进教育公平。"师范生教育实践是高校贯彻理论联系实际原则、实现培养目标不可缺少的教学环节，是教师教育课程的重要组成部分，对于提高师范生的教育教学能力、职业素养和综合实践能力具有不可替代的作用。其目标是培养适应中小学教育教学需要的高素质专业化"四有"好教师，促进师范生深入体验教育教学工作，形成良好的师德素养和职业认同，具备教育教学设计与实施、班级管理与学生指导等能力。为了规范和指导师范生的教育实习工作，编者尝试编写了《师范生实习指导手册》，以指导师范生教育实习工作。

本书共有七章，第一章是概论，介绍了教育实习的目的、准备、主要内容和组织管理，让师范生首先从宏观上对教育实习有个整体认知；第二章是介绍备课，主要是从备课的内涵、类型、过程这个几个方面给师范生以详细的介绍和指导；第三章是讲教育实习过程，重点是让师范生了解听课、评课、上课，以及作业批改这四个教学环节；第四章是讲班级管理，除了介绍了班级管理的基本内容之外，主要是让师范生了解当班主任和辅导员所应该具备的素养和基本技能；第五章是介绍教育实习调查，主要是要求师范生在掌握一定理论知识储备的基础上，能顺利完成教育实习调查报告的撰写；第六章是讲教学竞赛，主要内容有教学设计、多媒体课件制作、即兴讲演、技能展示、说课、无生上课六个方面，让师范生在实习期间能尽可能多地接触和参与多种形式地教学实践，全方位锻炼和提高师范生的各项能力；第七章是讲教育实习的评价，主要介绍了教育实习评价概述、基本要求、程序、标准、总结这几个方面的内容，是师范生教育实习总结性材料，能让师范生在撰写这个材料过程中对自己的教育实习过程进行总结和反思，有利于巩固师范生教育实习的成果。

本教材在一定程度上吸收了教育实习理论研究和实践的最新成果，梳理了当前教育实习的理论和实践问题，坚持实践性、专业性和时代性相结合的原则，提供了案例和资料，能提高师范生对教育实习的感性认识和理性思考，为师范生教育实习提供了明确的方向和具体的操作指南。

通过使用本实习手册，师范生将全面了解实习的各项任务和要求，明确自己在实习过程中的职责和使命。同时，它也将帮助师范生系统地记录实习过程中的点滴收获和成长经历，为日后的教学工作积累宝贵的经验。愿它能成为师范生实习路上的良师益友，帮助师范生收获宝贵的经验，实现从师范生到合格教师的华丽转身。

在实习过程中，希望师范生能够严格按照实习手册的要求，认真履行自己的职责，积极参与各项实习活动，虚心向指导老师和其他教育工作者学习，不断提高自己的教育教学水平和综合素质。

编　者

# 目录 CONTENTS

# 第一章

# “学高为师，身正为范”——概论

## 学习目标

理解：理解教育实习的目的、重要性，理解教师的教育理论素养、教师基本专业技能在教师教育实习中的作用。

掌握：掌握教育实习的主要内容及教师基本专业技能，掌握实习的纪律要求。

应用：运用教师个人积累的教育理论素养和基本专业技能，在实习实践中顺利有效地开展课堂教学实习、班主任工作实习和教育实习调查工作。

## 素质目标

1. 培养学生树立理论与实践相结合的教育实习观。

实践知识是教师专业知识的重要组成部分，是教师专业发展的重要基础。因此，师范生除了学习学科专业知识和教育理论知识以外，还必须具备从事教育教学的实践知识。

2. 引导学生明确教育实习的目标定位。

教育实习是师范生实现个体专业化的必要保障，是师范生促进教师专业发展的“催化剂”。要进一步明确师范生教育实习的目标定位，从而为教育实习提供必要的方向性指引。

◎案例导入

A 同学是 B 学院汉语言文学专业的一名师范生。通过在 C 城第一中学为期八周的高中教学实习，A 同学收获了专业课程学习中无法学到的知识。

对于实习阶段的 A 同学来说，第一关卡是掌握最基础的课堂教学能力。基于在学校参加过师范生技能比赛、教育实践及微格教学，他已熟练掌握教学设计和写作要领，认为自己可以作为教师站上中学讲台。但在第一次写教案的过程中，A 同学的学科指导老师就指出他备课内容里诸多问题，比如教案中对知识点的挖掘不够、重点不明晰、没有强调知识点中的易错点等。A 同学备受打击的同时，也明白了上好一堂课真是很不容易的事情，于是在每次上课前都会认真查阅资料，深化自己对于知识点的理解并思考如何将其展现出来，同时积极向老教师请教和学习。在不断学习调整和实践的过程中，A 同学的备课能力有了显著提升。

第二关卡是要提升教师综合素质。作为一名实习生，教学的多方面能力都有待提升，这促使 A 同学不断学习，实现综合发展。首先最重要的是加强专业知识学习；其次是提高教学技能，掌握现代教学技术；最后是注重自我反思与成长，及时做好教学反思，不断提升自己的专业素养和综合能力。

第三关卡是掌握沟通技巧，培养共情能力。A 同学在实习后期发现，高中的学生有时候并不能很好地排解种种消极情绪，有时会产生过激的行为。A 同学充分发挥自身优势，及时帮助同学们疏通心理障碍、缓解情绪压力。

实习结束后，A 同学也逐渐明白了身为人师，还需要不断地学习和历练，进一步提高教学技能和教学管理能力，以及掌握教育心理学的知识等。

（资料来源：编者根据相关资料编写）

## 第一节 教育实习的目的

2016 年，《教育部关于加强师范生教育实践的意见》明确规定，“要组织开展规范化的教育实习”。教育实习源自欧洲传统的学徒制，其目的是让学生在实际的教育情境中实践所学的教育理论，完成从受教者到施教者的角色转换。由于师范生在课堂上所学的教育理论与现实教学环境存在差距，且缺乏教学经验，因此教育实习已成为培养教师的必备环节之一。而在这一环节中，师范生要完成学生向教师角色的转变。由于实习生在教育实习期间要充当教师、学习者、同事、朋友等多重角色，其角色定位成为影响教育实习成效的关键因素之一。因此，明确实习目的对其如何在实习过程准确定位自身角色，达到好的实习效果就显得尤为重要。

教育实习以马克思列宁主义、毛泽东思想、邓小平理论、“三个代表”重要思想、科学发展观、习近平新时代中国特色社会主义思想为指导，全面贯彻党的教育方针，落实立德树人根本任务，遵循高等学校办学思路，全力配合学校人才培养模式的改革，全面提高师范生教育实习质量，提升师范生的教学实践能力，培养应用型的高素质人才。具体来说，教育实习还具有以下目的。

第一，通过教育实习，师范院校进一步提高师范生对党的教育方针、政策的认识，增强师范生对教师职业价值的认同，并初步熟悉教师职业规范，加深对教师职业的认同感、自豪感，进一步树立忠诚于党和人民的教育事业的思想。

第二，通过教育实习，师范生运用并检验已经获得的教师职业知识、理论和技能等，进一步内化，同时对比思考自身与当前教育发展要求的优势与不足，进一步确定学习目标。

第三，通过教学工作实习，师范生进一步了解教育实际，明确本学科的教学任务和要求，了解本学科教学的规律、特点，学会分析、处理教材内容，并运用先进且适当的方法、手段，培养独立进行教学的能力，进一步内化已学习的内容，提升教师职业素养和能力。

第四，通过班主任工作实习，师范生运用并检验已经学习的班主任工作理论与方法，了解班级管理的一般规律、方法和手段，初步掌握观察学生、了解学生、分析学生、组织学生、引导学生、帮助学生发展的班主任工作能力。

第五，通过教育调查与观察，师范生加深对教育理论的认识和运用，增强运用调查研究方法的能力，进一步训练调查研究能力，并训练团队合作精神及学生分析解决问题能力，了解本专业的教学技术新成就和教改趋势，增强对教育事业发展的适应性。

第六，教育主管部门全面检验高等院校师范生的教育效果和培养规格，加强同地方中小学和地方行政部门的联系，及时获得反馈信息，不断推进教学改革，改进高等院校师范生的教学与管理工作，进一步提高高等院校师范生教育教学质量。

第七，通过学校教育行政管理实习，师范生了解并思考基础教育管理具有的特点和发展趋势，熟悉所在实习学校的办学理念、校园文化和管理特色。

## 第二节 教育实习前的准备

在我国，从 20 世纪 50 年代初起就模仿当时苏联师范教育比较成功的做法，到 20 世纪八九十年代结合国内的实际确立了这样一套比较成熟的模式：教务管理部门根据各教学单位实习师范生的人数，核定、划拨实习经费给各教学单位；各教学单位派出专人（领导或老师）负责联系好实习学校，制定好完整的固定式的实习计划；如有必要，带队指导老师再具体落实实习生住宿、备课和办公场地；与实习学校具体领导和老师对接实习生的分班分组，了解实习学校教学进度，指导实习生提前做好备课和试讲；然后按照计划，带队指导老师带领实习生集体开赴实习学校，实地开展教育实习的各项工作、活动；实习临近结束，初步评定出实习生的实习成绩后，实习生统一回校，进行成绩的总评和各项评优活动，完成整个实习任务。在整个实习过程中，通常学校只重视教学单位或实习学校的准备，而学生实习前的准备工作往往被忽视，没有让实习的学生在实习前了解或接触如师范专业学生的教师道德、教师理论素养、基本专业技能等。因此，为了更好地让师范专业学生融于教育实习，师范专业学生应在实习正式开始前，就做好实习准备，如了解教师道德的实质，具备教育理论素养，初步掌握教师基本专业技能，了解实习条件等，以便参加教育实习的学生能够较快地融入教育实践中，从而取得较好的实习效果。

## 一、教师道德

教师的思想政治素质和职业道德水平关系到教师能否树立正确的职业理想信念，以此为基础，教师才能以高度的社会责任感全身心投入到教育事业中，在不断创新实践中提升教育教学成效。同时，作为“言传身教”的践行者，教师的思想政治素质状况直接关系到学校德育工作的有效开展，深刻影响着广大青少年的健康成长。加强对教师，包括职前教师的思想政治教育，着力提升教师思想政治素质，是确保我国教育事业在新时期、新时代健康发展的重要保障，事关国家的前途命运和民族的未来。

在开展教育实习前，师范专业学生需要了解的教师道德主要有两个方面：一是教育的根本任务，二是教师专业精神。教育的根本任务是立德树人，立德树人是中华民族的优秀文化传统，是解决社会现代化给受教育者带来的价值观念冲突最可靠、最有效的方法和途径，因此，让师范专业学生在教育实习前，系统了解有关立德树人这一根本任务，才能保证其教育实习方向的正确，才能使他们明白通过教育实习成为合格的教师是为了培养德智体美劳全面发展的社会主义建设者和接班人。教师专业精神是教师从事专业工作和实现专业发展的前提，也是教师道德的根本所在，其核心内容包括专业认同、专业信念和专业追求三个方面：专业认同是对教师职业的认可、接受和肯定，它是专业精神形成的基石，可以促进积极职业情感的形成；专业信念包括爱岗敬业、无私奉献、爱生尊生、严谨治学、乐于学习等专业精神，其核心是“热爱”，唯有如此，教育才能成为“人对人的主体间灵肉交流活动”，才能通过知识、技能的传递，使学生“自由成长，并启迪其自由天性”；专业追求是指教师打算成为一个什么样的教师，合格的、优秀的，是专家型的，传统的还是创新型的。

## 二、教育理论素养

教育理论素养是指教师从事教育教学活动必须掌握的专门知识，包括学科知识、学科教学知识和实践性知识。学科知识是指与任教学科相关的专业理论知识，主要包括学科基础知识和技能、学科基本思想与方法和学科发展方面的知识，主要解决教师能教的问题；学科教学知识是指有效传授某一学科内容必须具备的知识，主要关注具体学科、具体情境；甚至具体知识点的教学活动和教学方法的设计与实施，有助于教师运用先进的教育理念和教学手段设计和实施教学活动，使老师懂教、会教；实践性知识指教师在与学生、教学内容、教学环境互动过程中所具有的课堂情景知识及与之相关的知识，这些来源于教师教学经验的积累，其内涵涉及教师的个人经验和综合经验，有助于教师不断反思教学，提升教学智慧。这三方面互相支撑、相互渗透、有机结合，共同保障教师教学的科学性、艺术性和独特性。

## 三、教师基本专业技能

教师基本专业技能是指教师在教育活动中通过反复设计和不断练习而形成的熟练的活动方式，主要包括教学技能和教育技能。教学技能包括教学方法的选择、课堂教学设计、教学流程设计与准备、课堂组织与管理、教学演示（教学语言与动作、板书、实验教学）、巩固教学成果和传授学习方面的技能；教育技能包括管理学生、激励学生、沟通与合作、学生不良行为的矫正和班主任工作等方面的技能。这些技能的获得依赖于教育教学课程理论学习和实践锻炼。在培养过程中，通常要注重两者的有机融合，提升实习生对教育理论的应用能力。

要提升师范生的教师基本专业技能，高校需要根据实际所培养人才的要求及方向，在优化师范专业人才培养方案的基础上，开展两个方面工作。一方面，要打破传统理论教学的讲授模式，在教学中结合教育教学实际，加大实践教学力度，提升学生的学习兴趣和学习动力；另一方面，要结合各阶段教学实际，开展不同项目的实践教学，如对一年级学生以见习学科基础知识和了解学科教学、学校工作为主，学习专业知识、学科前沿动态，从而提升个体的专业知识水平；对二年级学生以培养基本技能为主，在学习专业知识的同时，掌握“三字一话”等教师专业技能；对三年级学生以培养专项技能为主，在学习专业知识的基础上，适度培养教学设计、教案编写、试教等专项能力；对四年级学生以综合能力培养为主，开展校内试讲、校外教育实习等。

## 四、实习条件及纪律要求

实习条件指实习基地、指导教师、实习计划与规章等方面，一般在实习前，要对实习条件进行准备，做到参加实习、指导实习、管理实习三个维度都能够相互融合和相互促进。

实习基地也就是教育实习的实习学校，通常在实习前由各教学单位派出专人（领导或老师）负责联系好实习学校。在开展教育实习前，实习生应对即将开展实习的学校进行全面了解，以便对实习工作、生活等进行准备；指导教师包括师范生所在高校与实习学校的双方指导教师，一般高校实习指导教师负责实习前的试讲、微格教学、视频教学分析等实习预备工作的教学指导，以及实习结束后的综合评价等，实习学校指导教师负责教育实习的具体指导工作，包括日常教学指导、班级管理、实习调查等；实习计划与规章通常指高校对教育实习的管理文件与工作方案等，以及实习学校有关教育教学的文件等，实习生在开展实习前应了解这些实习计划与规章，以方便后续实习工作的开展，提升实习效果；对其他实习条件，诸如实习经费、实习环境等，一般在实习正式开始前，也应该做好提前准备。

## 第三节 教育实习的主要内容

教育实习的中心环节是课堂教学实习和班主任工作实习，另外，在保证完成以上两项主要任务的前提下，应适当安排实习生对当前中小学教育领域进行专题调查与研究。

### 一、课堂教学实习内容

第一，实习生在校内和校外双方教师指导下，完成不同内容教案的课堂教学任务。

第二，实习生在校内和校外双方教师指导下，要认真学习所授科目的教学大纲，根据大纲要求，钻研教材，结合实际备好每节课。教案应在试讲前两天写好交校内和校外双方教师审阅。实习生在试讲合格，经指导教师签字后方可正式上课，而且不要任意改动教师签字后的教案。

第三，实习生讲完每节课后，都要认真作好自我分析。在此基础上，校内和校外双方教师应指出实习生课堂教学中的优缺点，提出改进意见，对每个实习生的课堂教学至少召开一次评议会。

第四，实习期间，实习生应互相听课，取长补短。学校在实习中应组织实习生的观摩课或评分研究课。

### 二、班主任工作实习内容

第一，实习生应在实习学校原班主任指导下，根据学校的要求和原教学班的实际情况，制订实习班主任工作计划，并按计划积极开展工作。

第二，实习生要积极参加实习学校组织的各项活动。要深入班级，广泛接触学生，尽快地了解班内情况，协助原班主任做好工作。

第三，以现代教育理论和素质教育观念为指导，通过开展班级活动或进行家访、谈心等方式，对学生做耐心细致的思想工作。要满腔热情地对青少年进行爱国主义教育、革命理想教育和思想品德的教育等。

第四，在实习学校原班主任指导下，除开展班主任工作和各种形式的集体活动以外，还应独立组织一次主题班（队）会。

### 三、教育实习调查工作内容

为进一步深入了解中学教育、教学现状，实习生要对参与实习学校的学生、教师、管理、教育教学改革以及实习学校对于实习生所属学校的教育、教学工作的反馈信息等进行专题调查，写出调查报告并进行交流。通过调查，充分发挥实习生的主观能动性和创造性，掌握教育调查的基本内容与方法手段，培养实际工作的能力，为从事教育科学研究打下基础。

## 第四节 教育实习的组织管理

加强对教育实习的组织管理，是提高教育实习质量的重要保证。在主管校长领导下，由教务部门、财务部门及后勤管理部门共同组成学校教育实习领导小组。

### 一、教务部门是教育实习的主要责任单位

第一，教育部门制定全校教育实习计划及有关实习的各项规章制度，经校实习领导小组研究讨论，主管校长批准后执行。

第二，教育部门制定实习经费开支规定及提出每年的实习经费预算。审核院系的实习费用开支情况。

第三，教育部门检查院系实习计划的制定和准备情况。协助各系联系落实去远郊区县实习的学校。

第四，教育部门编发实习所需的资料、表格和简报等。整理和收存实习中的各种材料、数字、表格。

第五，教育部门深入各实习单位听课，召开各种类型座谈会，检查实习质量，听取实习单位的反馈意见。

第六，教育部门实习结束时作出全校的实习总结。

第七，教育部门协助院系搞好教育实习基地的建设。

## 二、财务部门管理教育实习经费

根据教育实习有关规定，财务部门对实习经费使用进行监督、检查及管理等工作。

## 三、后勤管理部门协助管理

第一，后勤管理部门安排并解决好实习师生的食宿问题。

第二，后勤管理部门保证实习所需的交通用车。

第三，后勤管理部门搞好实习中的医疗保健工作。

## 四、师范生院系负责过程化管理

第一，师范生院系组织实习领导小组，领导院系实习工作，制定教育实习工作计划。

第二，师范生院系选派有经验、责任心强的教师参加教育实习。指导教师名单报校教务部门。

第三，师范生院系联系落实实习学校，安排实习工作。实习期间要深入实习学校听课，检查了解实习情况，听取实习单位意见。

第四，师范生院系听取教师汇报，研究解决实习中的各项问题。

第五，师范生院系注意发现典型，组织交流经验，表彰先进。

第六，师范生院系审定实习成绩。

第七，师范生院系实习结束后作出书面实习总结报教务部门。

第八，师范生院系实习结束后审批实习经费的开支。

## 课后练习

### 一、选择题

1. 师范生在教育实习期间的角色不包括以下哪项？(　　)

A. 教师　　B. 同事　　C. 学习者　　D. 学生

2. 教育实习的目的不包括以下哪项？(　　)

A. 通过班主任工作实习，师范生运用并检验已经学习的班主任工作理论与方法，了解班级管理的一般规律、方法和手段，初步掌握观察学生、了解学生、分析学生、组织学生、引导学生、帮助学生发展的班主任工作能力，从而获取部分学生实习工作薪资待遇。

B. 通过教育实习，师范院校进一步提高师范生对党的教育方针、政策的认识，增强师范生对教师职业价值的认同，并初步熟悉教师职业规范，加深对教师职业的认同感、自豪感，进一步树立忠诚于党和人民的教育事业的思想。

C. 通过教学工作实习，师范生进一步了解教育实际，明确本学科的教学任务和要求，了解本学科教学的规律、特点，学会分析教材、处理教材，并运用先进且适当的方法、手段，培养独立进行教学的能力，进一步内化已学习的内容，提升教师职业素养和能力。

D. 通过教育调查与观察，师范生加深对教育理论的认识和运用，增强运用调查研究方法的能力，进一步训练调查研究能力，并训练团队合作精神及学生分析解决问题能力，了解本专业的科技新成就和教改趋势，增强对教育事业发展的适应性。

3. 课堂教学实习内容不包括以下哪项？（　　）

A. 实习生在校内和校外双方教师指导下，完成不同内容教案的课堂教学任务。

B. 实习生在校内和校外双方教师指导下，要认真学习所授科目的教学大纲，根据大纲要求，钻研教材，结合实际备好每节课。教案应在试讲前一天写好交校内和校外双方教师审阅。实习生在试讲合格，经指导教师签字后方可正式上课，实习生不要任意改动教师签字后的教案。

C. 实习生讲完每节课后，要认真做好自我分析。在此基础上，校内和校外双方教师应指出实习生课堂教学中的优缺点，提出改进意见，对每个实习生的课堂教学至少召开一次评议会。

D. 实习期间，实习生应互相听课，取长补短。学校在实习中应组织实习生的观摩课或评分研究课。

4. 实习条件不包括以下哪项？（　　）

A. 实习基地　　B. 指导教师

C. 实习计划　　D. 企业教师

5. 教育理论素养是指教师从事教育教学活动必须掌握的专门知识，不包括（　　）。

A. 学科知识　　B. 学科教学知识

B. 实践性知识　　C. 教学理论知识

## 二、判断题

在实习学校原班主任指导下，开展班主任工作和各种形式的集体活动，不需要独立组织一次主题班（队）会。（　　）

2. 教务部门应深入各实习单位听课，召开各种类型座谈会，检查实习质量，可以不听取实习单位的反馈意见。（　　）

3. 指导教师包括师范生所在高校与实习学校的双方指导教师，一般高校实习指导教

师只需要负责实习前的试讲、微格教学、视频教学分析等实习预备工作的教学指导。（　　）

4. 师范专业学生在开展教育实习前，需要了解的教师道德主要有两个方面，一是教育的根本任务，二是教师职业精神。（　　）

5. 教育技能包括管理学生、激励学生、辱骂学生、沟通与合作、学生不良行为的矫正和班主任工作等方面的技能。（　　）

## 三、思考题

1. 理解教育实习的目的及重要性。
2. 了解教育实习的主要内容。
3. 思考教师的职业道德、职业素养和专业能力对教师生涯的作用和影响。

# 第二章

# “博观约取，酿花成蜜”——备课

## 学习目标

理解：理解备课对于课堂教学的重要意义，备课技能是教师基本能力要求。

掌握：掌握针对教材、重难点、学生、教学方法等重点要素备课的注意事项，掌握学期（学年）备课、单元备课和课时备课等三大备课类型，掌握备课的基本过程。

应用：根据需要，做好一个单元的备课教案和一个课时的备课教案。

## 素质目标

1. 树立正确的师德观，深刻理解潜心研究教学，上好每一堂课是教师师德的基本要求。

2. 鼓励师范生树立正确的教育观和教学观，爱护学生，尊重学生的主体性，教学相长。

3. 培养师范生的职业荣誉感，对课堂负责、对学生负责。

4. 培养师范生对讲台的敬畏感，让备课、磨课、上课、反思等一系列教学行为，促进其快速成长。

**◎案例导入**

A 同学是 B 学院汉语言文学专业的一名师范生。在她实习阶段上的一整节课中，能熟练地口述、提问、释疑和检查，并在不看教材的情况下，朗诵了四小段课文，板书六个课文中的长句，一字不差；上课过程中有两个学生背诵了两段不同的课文段落，她也能准确地纠正错字、错句。其中，有一次，她还指出："某句某句后面是个句号，背诵时你没有停顿，这样就不能正确地表达课文中的思想感情。"课后学生都很佩服她的记忆力。但 A 同学说："其实我的记忆力并不是很强，只是我备课时多下了一些功夫而已。教课如果对课文不熟，就很难把真正的感情灌注进去。"A 同学又说："凡是要求学生做到的事，我自己首先做到。学生在背诵，教师却看着书，这不能算以身作则。同时，每学期熟读若干篇范文，对教师来说，也是一种基本功。"

（资料来源：编者根据相关资料编写）

# 第一节 备课的内涵

备课就是为上课做好准备。它是教师教学工作、教学活动的起始环节。教学实践反复证明：教师备好课是上好课的根本前提，是加强课堂教学的计划性、预见性，充分发挥教师主导作用，保证课堂教学不出乱课，保证教学秩序井然，提高教学质量与效率的重要途径。

教师不能上无准备之课，即使是具有丰富教学经验的教师仍需要认真备课。教育实习是师范生迈向讲台的重要一环，教育实习的效果极大影响着师范生未来从事教学工作的信心，因此教育实习的备课显得尤为重要。师范生无论是学科知识还是教学能力都无法和真正的教师相比，要想获得较好的教育实习效果，更应该在备课准备上苦下功夫，更要认真备好课，力争取得好的教学效果。

师范生的实习备课，可以从以下几个方面来准备。

## 一、备教材

备教材指开启教学工作之前，先要对教材进行较为深度的掌握。首先，要充分研读课程标准和教学大纲，在此基础上再研读教材内容，一定要清楚教材内容不完全等同于教学内容。每一门学科都有不同类型、重难点倾向不同的教材版本。有一些教材内容的编排可能不完全符合学生的认知特点和生活经验，这样就需要授课老师全面了解学科知识体系及有关章节在整个体系中的地位和作用，并对其进行适当调整与重组，如可以补充选取一些贴近学生生活经验的教学资源，让学生真正感受到知识来源于生活。其次，这里的文本也是指具体每节课的授课文本。在这一层面，作为教育实习的学生，就需要注意以下几点 。

### （一）认真阅读教材文本

师范生在备课时，要认真斟酌每一个字每一个词、每一句话每一段话，多一字和少一字的意思常常是不同的，甚至标点都有它的特殊含义。认真阅读教材文本还包括将文本读通读顺，找到重点和难点知识所在，扫清可能的生字词和知识盲点，杜绝在课堂上出现常识性的低级错误。

### （二）多角度提出问题

任何文本，都可以从不同的角度来提问，如文本的题目、文本的主要内容、文本的中心句，或者文本的某个关键词、文本的体裁等。可以从两个角度来考虑提问，一是站在学生角度，根据他们的年龄和认知阶段的特征可能会提出一些感兴趣的、好奇的或难以理解的问题；二是站在教师的角度，提出可以帮助他们更好鉴别知识、巩固知识和概括知识的问题。

### （三）为问题寻找答案

从不同的角度给文本提出各种问题，然后通过问题去寻找答案，目的就是让课程内容“备”更细、更深。要寻找答案，可以通过以下三个途径。

一是反复阅读教材文本，可直接获得答案；

二是在教材中无法直接获得，但查阅相应的资料，来辅助了解文本背后隐含的信息；

三是认真阅读教材后的习题，提前思考或做出答案。

现在的教材建设愈加完善，出版社配合教材同步出版相应的教案、教参和课件及教学资源。这些资源只能作为辅助课堂的工具。师范生在实习阶段切勿完全依赖这些资源而忽视自身对教材的研读和探索，如果太注重教材中的流程设定，会使思维固化，把别人的教学设计直接加以引用，会使课堂变得生硬、变得枯燥。缺乏自主创新与思维契合的备课，也无法取得教育实习的真正效果。

## 二、备重难点

课堂教学应该需要突出重点和难点，因此备课的精力还应对教学重难点有所侧重。那什么是教学的重点、难点呢?

重点是指学科或教材内容中最基本、最重要的知识和技能。难点一般包含两层意思：其一，学生难以理解和掌握的内容；其二，学生容易出错或混淆的内容。例如，教学内容比较抽象，不易被学生理解，有的内容纵横交错，比较复杂，有的内容本质属性比较隐蔽，有的体现了新观点和新方法，有的在新旧知识的衔接上呈现出较大的差距等。这种教师难教、学生难学的内容通常称之为教材的难点，教学难点要根据教材的广度和深度、学生的知识基础与心理特征来确定。简而言之，即教学目标与学生的水平有较大落差，就形成了教学难点。克服难点就是结合学生实际，想办法把落差的坡度变缓。

师范生往往因为经验不足、对学科和教材的把握不够深入，难以精准定位教学重难点，可以通过以下方法找准教学的重点与难点。

一是认真钻研教材、教材参考书、教学大纲等资料，吃透学科知识，在此基础上借助教学辅助参考书获得教学重点和难点；

二是注重研究教材的目录、导言、知识结构图等引导性信息，一本好的教材往往会在导学上做足够的提示，师范生在备课时要紧扣这样的提示性的导学信息；

三是注意课后的作业、思考题、案例等，作业可以帮助学生巩固知识，检验教学目的是否达到，教学的重难点也可以在这里得到定位。

值得提醒和强调的是，无论有多少教学辅导材料，师范生都应该先充分了解班级和学生的情况来确定教学重难点。尤其是有些难点来源于现有学生的认知能力的不足，因此教学重难点的定位一定要建立在课堂教学的实际基础之上。

## 三、备学生

课堂教学是一种师生双边参与的动态变化的过程，学生和教师各自扮演不同的角色：学生是学习的主体，是课堂上主动求知、主动探索的主体；教师是教学的主导，是学习过程的组织者、引导者和合作者。教师“教”的过程要顺应学生“学”的过程，教师“教”的效果要体现为学生“学”的效果，教师的“教”应该为学生的“学”服务。“备学生”是指教师根据学生的年龄特点、思维特征、学习基础、智能水平、个性特征、学习风格等相关信息，处理好教学内容与学生接受度之间的关系，从而思考教学方法、活动设计、习题难度等，保证班级内绝大多数的学生在课堂中听有所思、疑有所解、学有所获。

教师在充分掌握学生情况后，在备课中才能有的放矢，因材施教。在具体操作中，教师应立足于学生已有的生活经验和认知水平，设计教学呈现方式和教学活动，激发学生的学习热情。“备学生”可以从以下几个方面入手。

### （一）备基础

一是检查学生预习，如易错字、词，课文的主题思想，难以理解的问题等。

二是概括学生问题。在备课过程中，教师不仅要预设学生谈的问题，还要归纳概括学生直接提出的问题。

三是反向思考。教师通过备课补充的相关材料，回归文本探讨，提升备课质量，同时还应该多角度思考、全方位评价，避免单一的二元思维方式。

四是系统评价。教师对学生根据课文结构、内容整理出的文本提纲，或者画出的思维导图进行评价，分析预习或学习效果。

### （二）备思维

备学生除了着眼于课堂中的环节，还要重视学生创造性思维能力的培养。有相当一部分学生自己并不愿意独立花时间、精力去揣摩课文的内容、题目与内容的关系、文章的框架结构等。因此，教师备课时要围绕“文化自信、语言运用、思维能力、审美创造”这四个核心素养来设计教学目标，对学生进行引导，提高学生的学习兴趣，从而让每个学生的思维能力都得到培提高。

## 四、备方法

### （一）资料型备课法

教育实习期的学生的备课属于备课的初级阶段，而初期备课属于资料型备课法。“教学经验不丰富、对学科知识也没有完全吃透”是师范生这一阶段面临的主要问题。这个阶段的备课主要是进一步完善教师的知识积累，完善信息输入，它需要教师备课前强化学科知识的通透性，纠正知识理解的偏差。因此，教师需要查找大量的资料来提升备课质量，特别是有针对性地对教学对象进行备课，在注重班级整体学习程度的同时，要关注个体的差异性，并对此分别查找合适的教学资料。

### （二）图书馆式备课法

图书馆式备课法可以看成是资料型备课法的高级版本，是教师经过初期快速专业成长，已经跨过教学质量影响期，处在相对成熟阶段时宜采用的备课方法。此时，实习教师已经积累了较丰富的教学经验，对学科知识基本弄得通透，无论是教学经验还是学科知识都已经系统化，且资源数量相对庞大。为了保证资料的系统性，也为查找方便，此阶段宜借助信息化手段，将资料按照教材章节归档，并在每一节文件夹下按照课堂教学各个环节所需资源分类整理，如按照某节课的引入、实验、拓展性资源、经典例题习题等分别建立文件夹，这样可以有效减轻教师收集、保存、整理、检索的负担。

### （三）深度备课法

深度备课作为传统备课的优化和深化，是教研的一种有效方式，它既体现在对学生、教材、课标、教法学法及课程资源的深入研究上，也体现在对教学进度、难易程度、内容广度等各种教学“度”的精准把握上。深度备课主要有三个方面的重要特征：一是关注学生的终身发展，即要求备课要有课程意识，着眼于长远；二是关注学科知识方法的贯通；

三是重视学科知识的迁移，即将学科知识迁移到其他领域，并进行跨学科的融通。

## 第二节 备课的类型

备课技能需要在掌握基本理论的基础上，不断地进行实践应用，通过反思后再提升，备课是教学能力形成发展的基础。鉴于备课的重要意义，师范生应该树立“无备课不上课”的基本准则并贯穿到未来整个教师的职业生涯中。

根据备课的目的、任务、内容、方式和时间的不同，可将备课分为不同的类型。按备课的目的、任务，可分为学期（学年）备课、单元备课和课时备课三大类。

### 一、学期（学年）备课

学期（学年）备课是在学期（学年）开始前后一段时间内，在钻研教材（包括教学大纲、教科书和阅读参考资料）的基础上，制定全学期（学年）的课程教学计划。其目的在于明确整个学期（学年）的教学工作。学期（学年）备课的主要内容包括：①确定全学期（学年）的教学目的、要求和重点；②安排整个学期（学年）的教学进度；③安排好各部分教学内容的课时分配；④选择授课的基本方式和方法；⑤做好教具和各种物质条件上的准备。

具体内容如下：

一是研究教育方针和政策，明确学校的教育任务。

二是研究教学大纲和教材。这是制定全学期（学年）课程教学计划的依据。既要全面了解教学大纲所规定的任务、理论知识范围及教学原则和方法，又要钻研教科书，明确本学期讲授的内容在整个教学体系中的地位和作用，以及每节课、每一章节在整个教学体系中的地位和作用，以及它们之间的内在联系。

三是了解和研究学生的实际情况，如学生的年龄、心理特点、知识基础、兴趣爱好、接受能力、智力发展、思想状况等，以使学期（学年）计划切合学生实际，行之有效。

### 二、单元备课

在一个单元或一个课题的教学之前，还应进行单元（或课题）备课，拟出一个单元（或课题）的教学计划。单元备课主要解决以下问题：①进一步熟悉和掌握本单元的教学内容、教学目的、教学要求和教学重点；②根据本单元的重点、难点，确定教学的重点，详略部分和教学活动的序列；③处理好本单元教学的课时安排、活动步骤及习题实验等；④研究本单元的教学方法；⑤以单元为单位，把讲、读、写、练、实验和实践恰当结合起来，通盘考虑学生能力的培养。

### 三、课时备课

某个单元的教学任务，往往是通过若干课时的教学活动来完成的。在上课之前，还要备好每一节课，完成课时备课任务。课时备课是根据单元备课所明确的教学目标、任务、要求、重点难点及相应的教学方法，进一步从每节课的实际出发，认真研究和解决单元备课各项计划的具体落实方案，最后写出教案。例如，对上一节课教学任务完成情况、学生实际掌握情况的检查了解（课堂讲课提问什么，或要求板书展示回答什么），新的课题如何提出，如何引起学生的兴趣；板书的安排计划，课内和课外练习题的提出和指导；估计课堂教学实践中可能遇到的种种问题及其解决办法；对学生在课堂上的活动怎样组织等。在思考上述问题基础上，写出课时计划，即教案。

除此之外，从形式上区分，备课还可以分为个人备课和集体备课，个人备课也称自备，是备课的主要形式。备课首先重在个人先钻研、独立思考、全面准备。自备是提高备课质量的关键一环。认真自备，也是提高集体备课质量的前提。自备还包括对集体备课结果的个人钻研。别人的经验再好，对自己来说，也只是间接的知识，只有通过个人钻研才能真正为自己掌握。

集体备课是备课的辅助形式。在个人备课的基础上，同年级、同学科教师集体备课，有很多好处：①有利于统一教学目标和要求，可以有效地避免“各唱各的调”、教学内容及要求不一致的现象。②有利于教师之间相互切磋、取长补短、交流经验，从而解决疑难问题，提高教学质量。一个人的智慧毕竟有限，对于一篇教材的理解必然有深浅之分。通过集体研究，可以相互启发、集思广益，很好地解决个人难以解决的问题。③有利于新老教师互相学习、彼此帮助。新教师在教学上存在不了解学生的情况、缺乏备课经验等问题。集体备课可以培养与带动新教师掌握备课的方法。④有利于促进教师团结，形成教师集体。经过集体研究，教师间更能相互了解，密切配合；还可统一口径，一致步调，从而保证同年级的教学质量。

个人备课与集体备课互相补充，关系密切，即在个人钻研的前提下，进行集体讨论；在集体研究的基础上再进行个人备课。

## 第三节 备课的过程

从严格意义上来说，备课不再是教学开始前的简单准备，而是对课堂教学的系统设计。备课在实践中也有一定的程序和过程。一般我们将备课的过程分为研读教学大纲与标准、研究教学对象、把握重点和难点、选择教学手段、设计教学活动、进行反思与调整这六个过程。

## 一、研读教学大纲与标准

教学大纲是每门学科课程的教学纲要，包括教学目的、教学要求、教学内容提要及讲授和实习、实验、作业、时间和课时数量分配等。课程标准在课程基本理念、课程目标、课程实施建议等方面对课程进行了更详细的阐述，特别是对全体学生提出了学习的基本要求。教师只有在备课之前充分研究大纲与课程标准，对本课程有总体的、宏观的认识，才能够总揽全局，并把课程所在学科最前沿的理念融入教学活动之中。只有清楚地了解教学大纲与课程标准，才能够了解每个课时在学科中的地位和作用，从而做到有的放矢地安排教学重点与教学难点。备课是教学过程的核心环节，只有充分做好这一环节，选好合适的方式才能够事半功倍。

具体来说，每门学科课程都有自己的课程标准及依此制定的教学大纲，在授课前认真研读课程标准必不可少。以九年义务教育语文新课标（小学、初中部分）为例，它们分别从课程目标、实施建议、评价建议三大方面做了细致的描述，值得认真进行研读。课程目标部分还进行了阶段目标的划分，每个阶段对学生的识字与写字、阅读、写作、口语交际、综合性学习都提出了具体的要求。因此，找到并学习所授课程的课程标准是实习授课的前提。只有以课程标准和教学大纲为依据，才能选择合适的教材，从而开展接下来的授课环节。

## 二、研究教学对象

现代教学提倡“以学生为本”，每个学生都蕴藏着极大的学习潜能，现在的学生思维敏锐、性格开朗、个性鲜明、兴趣各异，教师必须了解学生的特点才能因材施教。教学要面向全体学生，教师要尽可能多地了解学生，做到对教学对象情况分析准确，有目的性、有针对性。

## 三、把握重点和难点

在教材使用过程中，要针对教材中涉及的教学内容进行归纳分析，明确教学的目的和教学要求，对教学重点和难点进行甄别，以方便在实际教学中有所侧重。一般来讲，在相关课程教学大纲的编写过程中，对每一章节的内容都会写明教学的重点和难点，以便于授课教师参考借鉴。

## 四、选择教学手段

科学技术及信息技术现代化的飞速发展使得教学媒体手段的运用也与时俱进，网络技术及媒体技术的发展与应用带来了一场新的教学革命。翻转课堂、慕课、微课等教学形式的出现也为学生拓展了学习途径与方式，但从另一个角度来讲，这也给教师的课堂教学提出了前所未有的挑战。因此，教师要提高自身运用现代化媒体手段的能力，在备课的过程中也应该根据学科内容与特点采用适当的媒体手段来提高课堂教学效率，提升课堂教学对学生的吸引力，激发学生学习动力和提高学生学习兴趣。教学方法的设计是教师主体性在教学实践活动中的表现，是教师依据大纲要求、教学目标、学生特点、教材内容分析和设计的。教师除了可以采用传统课堂教学方式外，还可以采用线上教学与线下教学、课堂教学相结合的方式来提升教学效果与效率。教师在课堂教学中应该根据学科特点、专业特点、教学环境、教学技术环境和教师自身的特点，在确定教学重难点与教学手段后，根据课程特点与课时内容需求，结合学生具体情况，选择恰当的教学方法，做到因材施教。

## 五、设计教学活动

在研读大纲、钻研教材、了解学生、设计教法等基础上，教师还需要对课堂中的教与学活动做一个整体预设，以达到最佳的教学效果。撰写教案的过程是让自己的教学思路更清晰、更系统化的过程。教案的编写是备课环节中将教育理念、教学方法、教学手段、教学内容落到实处的环节，其实也是备课劳动以显性的方式体现的环节。在以上四个环节和教师多方面因素的共同努力下，在这一环节中，教师不仅要准确把握教学大纲与课程标准的要求，准确了解学生状况，确立教学目的与要求，合理使用教材，正确处理教学过程中的重点分析与难点突破，要充分考虑到教学过程中可能遇到的知识性、技术性问题的解决方法，还要考虑技能目标与情感目标的结合，以及自己对课堂的驾驭程度，正确面对和处理教学过程中遇到的各种情况。教学过程从教师的角度讲是讲授知识的过程，对于学生而言是一个学习的过程，是一个掌握知识、形成能力的过程，这就要求在教案编写过程中，教师作为教学的主导，不仅要设计教学内容讲授的流程，还要设计学生自主思考与教师引导方案，在教学过程中充分展示学生的主体性特征，让教学过程不是教师的“一言堂”，而是师生互动、共同成长与进步的过程。

## 六、进行反思与调整

教案编写完成并不意味着备课环节结束，因为备课的目的是将知识转化为课堂教学，如果不考虑教学效果，备课环节就失去了作用和意义。课后的反思和调整是备课的最后环节，也是教师自我成长和提升教学技能的有效手段。只有认真分析课堂教学过程，审视自己教学过程中的成功与不足，才能使下一次的备课、上课更加充实与完善。它是备课的最后一个环节，也是起到点睛作用的环节。

# 第四节 实践课备课

中小学综合实践课程由来已久，它是在满足学生接受文化理论课程教育的需求之外，以提高身体素质、促进心理健康、增强实践能力为目的而专门开设的课程。中小学综合实践课程与学生的实际生活紧密相连，对培养学生个性化能力及提升学生综合素质具有重大的指导意义。针对这一类型的课程，备课方法可以分成以下几种。

## 一、文本融合

所谓文本，是指前人通过长期探索与不断实践而积累形成的经验总结，这一成果对后来者具有很高的参考价值和很强的借鉴意义，因此小学生综合实践教学不能忽视对文本的学习。对教师而言，需要在全面理解教材的基础上，通过适当改造、取舍与整合教材内容来使学生易于接受，如增设一些学生感兴趣的教学形式以促进其对于知识的综合运用，继而创造性地去实践。举例来说，教师可以“寻访家乡的小河”为主题开展实践活动，带领学生深入实地进行参观和访问，组织学生以绘画、摄影的方式来融合不同学科的知识，并以互相交流、汇报来升华思想。当活动结束之后，教师趁热打铁举行关于“如何保护周边环境”的主题讨论会，吸引学生积极参与并抒发内心情感。很多学生在考察过家乡小河的现状后表现出抵制污染行为的强烈意愿。教师可对其进行及时引导，使学生树立从自身做起、保护环境的责任心，从而圆满完成综合实践活动。

## 二、培养探究意识

实践教学的一个重要方向就是探究性学习，它是对传统“灌输式”教学下学生能力受限的补充与完善。与传统教学方式中以教师为主的理念不同，探究性学习是以学生为主体，通过合适的方法调动学生的自主意识、挖掘学生的自主精神、引导学生以探究的形式去发现、感知并形成自我感受，从而促进其创新思维的生成和发展。实践活动课程是培养学生探究意识的最佳方式，教师应对其进行充分利用，以使学生从具体情境中经历发现、探究、实践的全过程。具体来说，教师在开展实践教学时要以引导的方式激发学生的探究意识与兴趣，推动学生在实践活动中质疑并有所反应。例如，在以“汽车与生活”为主题开展实践教学时，教师应带领学生走出教室，在实际生活中深入观察。教师再利用引导性的提问来促进学生积极思考，如：汽车为什么会向前跑？汽车为我们的生活带来了哪些方便？汽车对我们生存的环境有无危害？怎样控制汽车尾气排放？学生在教师的引导下进行深入思考，产生了解决这些问题和现象的决心。教师接着鼓励学生带着问题进行探究，以查阅资料或调查访问的方式寻求答案。如此一来，尽管学生的知识水平有限，但已经形成了通过实践探究来解决问题的意识，这对培养良好的个人素养产生了积极的推动作用。

## 三、引导善学

教师要重点关注学生生活，开展实践活动以促进学生之间的交流来往，将学校、家庭和社会联系成一个整体，从而实现教育的和谐发展。教师应鼓励学生走出校门、融入社会，或以家庭和社会为舞台开展丰富多样的实践活动，引导学生用自己的双眼去观察生活、用自己的心灵去感受生活、用自己的行动去实践生活。例如，在以“通信”为主题开展综合实践教学时，教师应对学生的生活空间有所了解，在此基础之上从学生熟悉的生活现象入手，引导学生留心观察社会生活，切切实实地感受通信所带来的巨大变化。同时，这一过程也间接奠定了学生观察、调查和搜集资料的基本能力，从而为学生与同学相互合作及与社会之间的接触融合做好准备。

## 四、优化教学策略

互联网技术作为现代科技发展的重大成果之一，其丰富的容量和便利的流通性使得古今中外所有人类的聪明才智都能被集中并应用，从而构建起一个包罗万象的信息资源库。学生通过浏览和选择可从中获取所需的信息，为自身的成长和进步吸收充足的营养，因此教师应训练学生正确使用这一“宝库”以弥补自身知识的局限并进行突破和提升，从而实现自我学习。除此之外，多媒体设备作为丰富教学手段的重要工具，在小学综合实践教学中具有巨大的价值。教师可以利用多媒体设备来制作教学课件，将静态的、抽象的、理论的知识转换成动态的、形象的、个性化的表达方式。这种学生喜闻乐见的方式可以有效地激发学生的学习兴趣，活跃课堂教学氛围，从而使教学质量得到实质性的提高。

## 五、强化学习体验

游戏作为学生愿意接受并积极参与的活动形式，可以最大限度地激发出学生心灵的自由，使学生展现其纯洁、童真的一面，处于这种状态下的学生对于综合实践教学的接受度和执行力都会有质的提升，因此可以将游戏作为优化教学方式的良策。例如，在以“测量”为主题开展综合实践教学时，教师可以利用游戏的方式引导学生用尺子自行测量自己手指的长度和宽度，以比赛的形式要求学生相互比较以判断谁测量得比较准。

# 第五节 公开课备课

## 一、公开课的概念

公开课是一种有组织、有计划、有目的的，面向学生、教师进行的，正式公开的课程讲授形式。公开课主题鲜明、任务明确，除了学生参加听课外，还有领导及其他教师参加，是教师展示教学水平、交流教学经验的平台。作为一种教研形式，公开课以有原则、讲方法的教学评论作引导，可以为教师的专业成长提供坚实的平台。教师的公开课是教师授课水平的真实展示，是发现教学问题、集中解决教学问题的一种有效方式。

## 二、公开课的基本特征

公开课具有存在和发展的价值，它具有研究性、真实性和鲜明的个性。

### （一）研究性

公开课所呈现的教学生态需要在观摩、评议和争鸣交流的过程中逐渐为人所认可、接受。公开课之所以值得关注和品评，是因为特定的内在品质赋予其可研究的价值。这种研究价值表现在课堂各个层面上。就课程理念而言，公开课是以促进每一位学生有个性地发展为目标的，即新课程“三维目标”：就教学方法而言，研评上课的过程，关注教学方法；就课堂伦理关系而言，研评班内关系，关注师生平等、生生合作，互相促进。其实可研讨的问题远不止于此，如多元解读与价值引导、基础知识在三维目标中的地位及有机融合、教师讲授与学生接受性、学习的分寸感把握与课程深度感的辩证处理等。

### （二）真实性

一堂供人研讨、向人展示的公开课，首先应有真实的教学品格。其真实性体现在课堂的组织形式和教学流程上与平日授课一致，在课堂教学内容与结构上蕴含着经得住推敲的坚实品格，有设计但又浑然天成。公开课以真实为美，是教师教学水平的真实展现。

### （三）鲜明的个性

要求每位教师从指令型课程与教学的单一执行者转变为自己课程的创造者，形成独特的课堂教学风貌成为一种教学趋势。教师的教学个性成为公开课的生命线。它具体表现在学习目标生成、教学内容组织、活动形式安排、学习方法选择、现代技术使用等各个方面，特别是执教者是否闪烁出思想个性和言语个性，通过有激情、有魅力的言语去调适、催生个性化课堂。

## 三、公开课的基本功

### （一）课堂设计的基本功

教师实际上是一位课堂教学的设计师。教师是课堂的组织者、引导者，但在设计课堂教学时要以学生为中心，从学生角度考虑，并关注学生个性成长。

### （二）课堂提问的基本功

课题提问要表达清晰、目标明确、语速适中、指向明确；课堂提问要由易到难，不同课型有不同提问方式，如以新知识为主的低级认知运用知识提问、理解提问和应用提问；以复习为主的高级认知运用分析提问、综合提问、评价提问等。另外，课堂提问是面向全体学生的，要给每个学生同样机会，同时也要关注问题的开放性，倾听学生回答，实现学生自主学习。

### （三）课堂评价的基本功

课堂评价要注意尊重和理解学生，勿用横向比较评价学生，主张以激励为主的评价，多看学生优点，做到教师评学生、学生评学生、学生评教师，评价客观、真实。

## 四、备课方法

### （一）备多媒体教材

一节课的教法设计是由它的教学内容决定的。公开课的教学根据其实际教学内容，要选择好教学的环境和模式。因此，无论教学内容如何变化，教师在处理教材时都应先了解教学的重点、难点及教学目的，做到心中有数，然后注意在备课过程中由浅入深，把难点解释清楚。同时，还要突出重点，用不同的方式方法对重点内容进行操练及运用。

### （二）备教法

一节课能否吸引学生及听众，取决于它的设计是否灵活，教法是否新颖。教师应在备课时注重创新，力求上出一节有自己风格特色的好课。以下几点需要注意：一是善用启发式教学法进行教学，教师应在课堂中善用启发式教学，由浅入深、层层引导，最后让正确的答案或结论从学生的口中得出；多媒体课堂的一大优势，就是教师可以通过自己所准备的多媒体教学材料，让学生通过自己的观察和思考，迅速得出教材要求掌握的知识结论。

二是注重师生间的互动，教师在教学过程中应注意与学生间的交流，发现他们的疑难困惑，要及时解释清楚。三是抓住学生感兴趣的活动或事物，调动其积极性，师生默契配合，共同把课堂活动推向高潮。四是教学环节要过渡自然，一节课总是由好几个环节构成，讲解某个知识点也要经过几个步骤；教师备课时应注意这些环节或步骤间的自然衔接，力求做到水到渠成，不露痕迹。这样，一节课的思路就显得非常清晰，而学生的思维也不会因某个教学环节的突然中断或突兀转折而被打断，教学环节可以顺畅推进，学生思维活跃，听众也会感到整节课是一个完美的整体。

### （三）备听众

公开课的听众不仅有学生，还有观摩的领导和同行教师。公开课是一节供大家观摩、评论的课，有着较强的示范性及艺术性。因此，它要求教师在上课过程中不但要考虑学生的学习效果，还要考虑听课者的感受和评价。课堂是“老师教”和“学生学”的双边活动。学生是这项活动的直接参与者，他们的状态直接影响教学活动的效果。因此，教师在备课时应考虑到学生的特点、兴趣及爱好，尽量联系他们的生活实际，走进他们的生活，经常用他们感兴趣的事物或话题来吸引他们的注意力，调动他们的积极性。

一般来讲，公开课的听众除了学生之外，还有相同课程的授课老师、同行教师及课程专家等。有些听课者往往不熟悉所听课的教学内容及要求，在听课过程中较难跟上师生的思路，也就难以对这节课做出正确的评价。因此，教师要根据听众的特点，适当调整自己的授课方案，根据课堂教学评价标准，对听众进行全面的研究，从而取得最佳的教学效果。

### （四）备突发事件

在多媒体课堂当中有时会有些偶发的“小事故”阻碍课堂教学的顺利进行。比如多媒体公开课因电脑硬件软件出现问题、投影机灯泡烧了、电脑软盘损坏等非人为因素而被打断的尴尬情况，因此教师在备课过程中要考虑周详，尽量把这些偶发事件的发生率控制为零，或事先做好思想准备。

教师要正确认识公开课的意义，具体讲，有如下几点。

一是公开课所需的心理调适可以促进教师培养良好的心态，因为拥有良好的心态是顺利上好公开课的前提。

二是公开课备课过程可以促进教师更新教学理念，精心备课是上好公开课的先决条件。

三是公开课的展示有助于提升教师的综合能力。首先，公开课给了教师一个展示教学基本功的机会；其次，公开课促使授课教师与时俱进，不断优化课堂；最后，公开课上教师会更加注重自身的教态，关注教学环节的实施和效果。

四是评课是公开课的教学延伸。公开课的评课环节可以提高教师教学反思的水平，是促进教师进步的台阶，是教师专业成长的“助推器”。一堂精心雕琢的公开课上完之后的评课环节，往往也是精彩纷呈。评课不仅可以使授课教师的专业水平得到提升，还可以使听课教师获得启发，反思、改进自己的日常教学行为。作为专业教师，对公开课不应该回避，而是要积极应对公开课所带来的挑战，把握评课带来的提升机会，进一步完善自我。

## 课后练习

### 一、选择题

1. 备课对于课堂教学的重要意义，以下哪项描述最准确？（　　）

A. 备课只是教师个人的事情，与课堂教学质量无直接关联。

B. 备课是课堂教学的前提和基础，有助于提高教学效率和质量。

C. 备课是为了应付学校的检查，对实际教学帮助不大。

D. 备课会限制教师的课堂发挥，不利于提高教学的灵活性。

2. 以下哪项不是备课时需要注意的事项？（　　）

A. 熟悉教材内容，明确教学目标。

B. 按照自己的思路进行教学设计，忽略学生的实际情况。

C. 准备多样化的教学方法和手段，激发学生的学习兴趣。

D. 提前准备好教学所需的教具和多媒体资源。

3. 基本备课类型，不包括以下哪项？（　　）

A. 课时备课

B. 单元备课

C. 复习课备课

D. 学期备课

4. 在准备课程的教学过程中，以下哪项描述符合常规备课步骤？（　　）

A. 只需浏览教材，无需详细计划。

B. 制定教学目标，构思教学方法，撰写教案和教学准备。

C. 只准备教具和材料，无需过多关注学生的学习需求。

D. 不需准备，可直接步入课堂授课。

5. 正确的备课过程，应为以下哪项？（　　）

A. 研读大纲与标准—研究教学对象—把握重点和难点—选择教学手段—设计教学活动—反思与调整

B. 研究教学对象—选择教学手段—研究教学对象—把握重点和难点—设计教学活

动—反思与调整

C. 把握重点和难点—设计教学活动—反思与调整—研读大纲与标准—选择教学手段—研究教学对象

D. 选择教学手段—设计教学活动—研究教学对象—把握重点和难点—研读大纲与标准—反思与调整

## 二、判断题

1. 备课主要是为了熟悉教学流程，对教学质量的要求可以适当放宽。 （　　）
2. 在备课流程中，教师只需准备好教学材料，无须进行教学设计和学生分析。 （　　）
3. 备课应该注重创新，尝试使用新颖的教学方法和手段。 （　　）
4. 备课可以只参考教材，无须查阅其他相关资料和文献。 （　　）
5. 备课应该充分准备，包括教学目标的设定、教学方法的选择、教学过程安排等。 （　　）

## 三、思考题

1. 认真备课对教师的意义何在，对学生的意义何在？

2. 教师备课需要“备学生”。请你展开谈谈“备学生”的多个方面，以及如何开展“备学生”的工作。

3. 对于“公开课”，有很多一线教师有不同的看法，有些教师认为公开课是“花架子”，与真实的课堂教学相去甚远。你是如何理解和认为的？

# 第三章

# “笃志好学，教学相长”——教育实习过程

## 学习目标

理解：理解完整的教育实习过程。

掌握：掌握完整的听课步骤、基本的教学评价标准、授课时的教师礼仪规范和作业批改的要求。

应用：将正确的教育观、敬业精神、思想政治素质和创新思维能力运用到学生整个听课、评课和上课过程，运用于学生的教育实习实践，从而形成完整的教育实习认知闭环。

## 素质目标

1. 树立正确的教育观

通过参与完整实习过程，大学生能深入了解和体验中小学教育工作的实际情况，从而树立正确的教育观，明确教育的社会价值和使命。

2. 提高思想政治素质

在教育实习过程中，大学生需要学习和掌握党的教育方针和政策，提高思想政治素质，增强政治敏锐性和鉴别力，从而指导自己今后实际的教学。

3. 培养创新思维能力

在教育实习中，大学生需要顺应时代发展的需求，积极探索新的教育方法和手段，培养创新能力和意识，为未来的教育工作提供新的思路和方向。

## ◎案例导入

**背景介绍**

某师范大学数学与计算机学院的小张是一名大四的学生，按照学校统一实习安排，他进入了一所市初级中学实习，担任初一年级的数学实习老师。

**实习过程**

1. 准备阶段。在实习开始前，小张首先与该学校的指导教师进行了深入沟通，了解了学校的教学环境、学生特点，以及教学计划安排。随后他认真研究了初一年级的数学教材，并制定了详细的教案和授课计划。此外，小张还参加了学校组织的教学研讨会，与其他老师交流听课感悟，为即将到来的实习做好充分准备。

2. 课堂教学。实习期间，小张主要负责初一年级的数学课程教学。他采用了多种教学方法，如小组合作、互动问答、实例演示等，来激发学生学习兴趣。每次课后，他都会认真听取学生的反馈，及时调整教学方法和内容，确保教学质量。

3. 作业与辅导。除了课堂教学，小张还负责布置和批改学生的作业。他鼓励学生独立思考，对于作业中存在的问题，他会耐心地进行解答和指导。此外，他还利用课余时间为学生进行个别辅导，并对学生学习中的难点进行分类记录，于后期课堂教学中进行改进，帮助学生解决学习上的困难。

4. 参与教研活动。在实习期间，小张积极参与了学校的各项教研活动，例如听资深教师的示范课、市区教育局组织的教学公开课，并共同参与课后的评课活动。在此过程中，他与老师们一起探讨教学方法、分享教学经验，不断提高自己的教学水平。同时，他还向自己的指导教师请教了如何有效管理课堂、如何与学生建立良好的师生关系等问题，收获颇丰。

**实习收获与反思**

通过这次实习，小张深刻体会到了教育工作的艰辛与乐趣。他发现自己在教学方法和课堂管理等方面还有很多不足，需要不断学习和改进。同时，他也感受到了学生们对知识的渴望和对老师的尊重，这更加坚定了他从事教育事业的决心。

（资料来源：编者根据相关资料编写）

# 第一节 听　课

教学实习环节中，在正式开展实践教学之前，学生听取授课指导教师的课是必不可少的环节。根据实习学校具体的安排，听课环节时间不固定，但一般在实习期开始的第 2 周到第 3 周。听课环节中，学生应注意以下几点。

## 一、做好听课规划

在为期 8 周的实习期内，合理地安排好时间，做好时间规划，是提高听课效率的关键一步。其中就包括如下内容。

首先，实习生需要根据学校的实习要求，结合实习学校的具体情况，确定听课的节数。一般建议实习生听课时间段为 1～2 周，即开始实习之后的第 1 周和第 2 周。但根据实习生自己的专业能力和对教学实践环境的适应能力，这个时间也有一定的变化。听课的具体时间安排一般和实习所在班级课表一致。听课一般分为本专业课内听课和非专业听课的安排。如果需要跨专业听课，则需要和非本专业的授课教师先取得联系，根据其课表来安排听课的时间。一般来说，教师都喜欢选择听本专业的课。教师听本专业的课，应该在课堂上着重观察教学过程中呈现出的学科专业水平，以及教师对教材的灵活运用、重难点的突破，对教学内容的拓展延伸。其次，实习生要做好听课过程安排。听课的过程中，我们可以着重观察那些需要强化的地方，授课教师有没有强化；必须操练的地方，有没有操练；只需点到为止的地方，有没有处理得恰到好处。实习生听取非本专业课程时，应着重强调视角的转变，思考如何进行学科整合、相互借鉴。尽管随着时间的流逝，很多教师逐渐遗忘了其它专业学科的大部分知识，很多教学内容变得陌生，但这反而使得教师更容易接近学生视角，从学生的角度去发现教学过程中存在的问题。不仅如此，实习生还要看课堂设计、整体架构、师生互动、预设与生成，并将本专业的教学和其它专业的教学相互印证。文科教师可以从理科教师那里学习清晰的教学思路、工整的板书设计、简洁的学科语言和缜密的逻辑思维，理科教师可以从文科教师身上感悟浓郁的人文气息、幽默的语言、灵动的肢体动作。听其他专业的课，有助于教师开阔视野、加深思考、汲取精华、学习借鉴，从而促进学科教学的整合。

## 二、做好听课准备

实习教师要听别人的课首先要做好听课的准备，除了熟悉课程内容，了解学生状况外，课堂听课最重要的是要选择好课堂观察点，做到有效听课。比如：是观察学生课堂参与状态还是观察特定样本小组有效互动，观察老师课堂时间分配还是有效提问，等等。

## 三、做好听课记录和反馈

对于教师的教，听课时重点应该关注以下内容：

一是课堂教学确定怎样的教学目标？目标在何时采用何种方式呈现？

二是新课如何导入，包括导入时引导学生参与哪些活动？

三是创设了怎样的教学情境，结合了哪些生活实际？

四是采用了哪些教学方法和教学手段？

五是设计了哪些教学活动步骤？

六是使哪些知识系统化？补充了哪些知识？

七是培养了学生哪些方面的技能？达到什么程度？

八是渗透了哪些教学思想？

九是课堂教学氛围如何？

对于学生的学习活动，听课时应该关注以下方面的内容：

一是学生是否在教师的引导下积极参与到学习活动中？

二是学习活动中学生经常做出怎样的情绪反应？

三是学生是否乐于参与思考、讨论、争辩、动手操作？

四是学生是否经常积极主动地提出问题？

# 第二节 评 课

评课是听课之后必要的教学过程，应从以下侧重点进行分析。

## 一、教学目标

教学目标是教学的出发点和归宿，它的正确制定和达成，是衡量教学水平的主要尺度，因此，分析课首先要分析教学目标。从教学目标制定来看，要看教学目标是否全面、具体、适宜；从目标达成来看，要看教学目标是不是明确地体现在每一教学环节中，教学手段是否都紧密地围绕教学目标，为实现教学目标服务。

## 二、处理教材

评析一节课，不仅要看教学目标的制定和落实，还要看教学者对教材的组织和处理。评析教师一节课，既要看教师知识传授的准确性、科学性，更要注意分析教师教材处理和教法选择上是否突出了重点、突破了难点、抓住了关键点。

## 三、教学程序

首先，要看教学思路设计。教学思路是教师上课的脉络和主线，它是根据教学内容和学生水平两个方面的实际情况设计出来的，它反映一系列教学措施怎样编排组合、怎样衔接过渡、怎样安排详略、怎样安排讲解等，教师课堂上的教学思路设计是多种多样的。因此，评课者评教学思路，一看教学思路设计符不符合教学内容实际和学生实际；二看教学思路的设计是不是有一定的独创性，给学生以新鲜的感受；三看教学思路的层次、脉络是不是清晰；四看教师在课堂上教学思路实际运作效果。其次，要看课堂结构安排。课堂结构是指一节课的教学过程各部分的确立，以及它们之间的联系、顺序和时间分配。课堂结构也称为教学环节或步骤。计算授课者的教学时间设计，能较好地了解授课者的授课重点和结构。安排授课时间设计包括计算教学环节的时间分配、计算教师活动与学生主体活动的时间分配、计算学生的个人活动时间与学生集体活动时间的分配、计算学力不同的学生的活动时间、计算非教学时间，看教师在课堂上有无脱离教学内容做别的事情的情况。

## 四、教学方法

评析教学方法与手段包括以下几个主要内容：看是不是量体裁衣，优选活用，教学有法，但无定法，贵在得法；看教学方法的多样化，教学方法最忌单调死板，教学活动的复杂性决定了教学方法的多样性；看教学方法的改革与创新；看现代化教学手段的运用。

## 五、教师教学基本功

看教态：教师在课堂上应该庄重，富有感染力，仪表端庄，举止从容，态度热情，热爱学生。看板书：设计科学合理，言简意赅，条理性强，富有艺术性。看语言：教师的课堂语言要准确清楚，精当简练，生动形象，有启发性。教学语言的语调要高低适宜，快慢适度，抑扬顿挫，富于变化。看操作：看教师运用教具，操作投影、电子白板等的熟练程度。

## 六、教学效果

课堂教学效果评析包括以下几个方面：一是教学效率高，学生思维活跃、气氛热烈。二是学生受益面大，不同程度的学生都有所进步。三是有效利用课上 45 分钟，学生学得轻松愉快、积极性高，当堂问题当堂解决，学生负担合理。

## 七、课堂教学评价标准

在评课的过程中，我们需要了解所听课程的课堂教学评价标准。每个学校都会制定自己的课堂教学评价标准及教学评价表，做客观的量化评价。评课要做到恰到好处，就是要强调评课的辩证统一。一是注意教师教和学生学的辩证统一。因此既要从学生学习的角度出发，评价学生在课堂上的学习情绪、学习行为表现、学习效果，也要关注教师的主导作用，通过观察教师的教学行为及其对教学内容的理解、把握，评价教师的课堂设计、组织能力和教学基本功。二是注意肯定优点和指出不足的辩证统一。一方面，肯定教师的努力和付出，既是对授课教师的尊重，也是评课应该保持的基本立场。把授课教师的成绩和亮点指出来，鼓励其发扬光大，不仅对开课教师大有裨益，对听课教师也是一种引导和示范。另一方面，评课教师也要指出不足，并提出改进的方向。三是注意评课标准的辩证统一。对不同的授课教师，我们既要有相对统一的评课标准，也要注意因人而异。下面我们就以某小学的学科课堂教学评价表为例展开论述。

**表 3-1　×××小学语文学科课堂教学评价表**

| 评价项目 | 评价要点 | 符合程度 | | |
|---|---|---|---|---|
| | | 完全符合 | 基本符合 | 基本不符合 |
| 教学目标 | 1. 符合课标要求，体现“三个维度”的整体落实，符合学生的实际程度，注重全体学生语文素养的提高。 | | | |
| | 2. 目标明确、具体、得当，具有可操作性。 | | | |
| 学习条件 | 1. 学习环境的创设有利于激发学生学习兴趣，有利于实现教学目标。 | | | |
| | 2. 合理运用学习资源，恰当使用教学手段。 | | | |
| 学习指导与教学调控 | 1. 正确把握教材，教学方法符合学生实际，引导学生正确理解和运用语言文字，培养学生的听、说、读、写能力。 | | | |
| | 2. 教学体现多项互动交流，鼓励全体学生积极主动参与教学过程。教学过程清晰、流畅、真实，灵活处理随机出现的不同情况。 | | | |
| 学生活动 | 1. 学生积极参与丰富多彩的语文实践活动，在活动中体现主动性与创新性。 | | | |
| | 2. 学生参与学习活动时，思维活跃，敢于发表自己的见解，受到情感的熏陶、获得知识、提高能力。 | | | |
| 课堂气氛 | 1. 课堂气氛宽松，学习进程张弛有度。 | | | |
| | 2. 课堂气氛民主，师生关系融洽，师生、生生间的交流平等、积极。 | | | |
| 教学效果 | 1. 基本实现教学目标，不同层次的学生都有收获、有提高，大多数学生主动获取了知识。 | | | |
| | 2. 教师情绪符合教学内容的需要，学生体验到学习和成功的愉悦，有进一步学习的愿望。 | | | |
| 学科特色 | 1. 尊重学生个人情感体验，注重语文能力培养。 | | | |
| | 2. 具有原创的教学设计。 | | | |
| 其他 | | | | |

| 评价等级 | A | B | C | D |
|---|---|---|---|---|
| | | | | |

评语：

表 3-2　×××小学数学学科课堂教学评价表

| 学校 | | 教师 | | 年级 | | 课题 | | | | |
|---|---|---|---|---|---|---|---|---|---|---|
| 评价标准 | 评价内容及要点 | | | | | 评价 等级 | | | | |
| | | | | | | A | B | C | D | 得分 |
| 教学目标 | “三维目标”明确、全面、具体、适切。 | | | | | | | | | |
| 教学内容 | 1. 内容选择得当，具有科学性、现实性、趣味性。<br>2. 能驾驭教材，准确把握教学的重点、难点。 | | | | | | | | | |
| 过程方法 | 1. 过程组织严谨，思路清晰，时间分配合理。<br>2. 教学过程有实效，注重让学生经历知识的形成过程。<br>3. 教学方式选择恰当，有利于学生对知识的主动建构和能力的主动发展。<br>4. 课堂练习容量恰当，具有层次性、针对性、开放性，反馈及时。<br>5. 课堂气氛活跃有序，师生关系和谐。<br>6. 注重学科特点，恰当运用信息技术手段辅助教学。 | | | | | | | | | |
| 教师素养 | 1. 教师情感饱满，教态亲切自然。<br>2. 语言准确简练，善于激励，评价恰当。<br>3. 板书设计合理，书写工整，示范准确。<br>4. 善于组织教学，有教育智慧，调控能力强。 | | | | | | | | | |
| 学生表现 | 1. 学生知识基础扎实，具有良好的学习习惯。<br>2. 积极参与教学过程，思维敏捷，善于提出问题、解决问题，具有创新意识。<br>3. 学习兴趣浓厚，有积极的情感体验和进一步学习的愿望。 | | | | | | | | | |
| 教学效果 | 1. 全面实现预定的“三维目标”。<br>2. 学生在原有的基础上获得知识、能力、情感、态度等方面的发展。 | | | | | | | | | |
| 教学特色 | 1. 能够创造性使用教材。<br>2. 教学环节具有独创性。 | | | | | | | | | |

**表 3-3　×××小学英语学科课堂教学评价标准**

| 项目 | 赋分 | 评价指标 | 得分 |
|---|---|---|---|
| 教师素质 | 10 | 1. 教态亲切大方，有感染力，与学生建立平等和谐的关系。 | |
| | | 2. 用英语流畅得体地组织教学。 | |
| | | 3. 充分展示扎实的教学基本功。 | |
| 教学目标 | 10 | 1. 体现课程标准的基本精神，注重综合语言能力的培养。 | |
| | | 2. 根据教学内容和学生实际情况，设置明确具体的知识、技能等目标。 | |
| 教学设计 | 20 | 1. 依据课程新理念，实施课堂教学的整体设计。 | |
| | | 2. 依据教学内容和目标，合理设计教学程序。 | |
| | | 3. 依据本班学生实际情况，设计各项教学活动，并体现创新精神。 | |
| | | 4. 依据教学内容，充分开发并合理使用教学资源。 | |
| 课堂管理 | 10 | 1. 设置有特色的教学环境，合理安排教室桌椅摆放布局。 | |
| | | 2. 有效组织和调控师生的课堂活动。 | |
| | | 3. 灵活而合理地落实教学设计的时间安排。 | |
| 教学过程 | 30 | 1. 实现师生之间和学生之间多种形式的积极有效的行为互动。 | |
| | | 2. 正确调控教师和学生的话语比例。 | |
| | | 3. 进行层次清楚明确、结构严谨、过渡自然流畅的教学。 | |
| | | 4. 激发学生学习兴趣，引导学生积极主动参与各项课堂活动。 | |
| | | 5. 清楚地显示学生对新语言项目的学习过程。 | |
| | | 6. 在教学的全过程中展示教师的应变能力。 | |
| 媒体使用 | 5 | 1. 合理使用常规或现代教育技术的媒体形式，教学效果显著。 | |
| | | 2. 媒体设计和使用具有创造性。 | |
| 过程评价 | 5 | 1. 全程滚动推进过程评价活动，恰当合理使用评价工具，注重教学效果。 | |
| | | 2. 在教学中准确、多样、有效地运用评价语言。 | |
| 教学效果 | 10 | 1. 充分展现学生对新的语言项目的学习效果。 | |
| | | 2. 突出体现学生运用口头和书面语言完成任务的能力。 | |
| | | 3. 学生体验学习和成功的愉悦，有进一步学习的愿望。 | |
| 简评 | | | 总分 |
| | | | |

**表 3-4　×××小学美术学科课堂教学评价标准量化表**

<table>
<tr><td>项目</td><td colspan="4">评价要点</td><td>得分</td></tr>
<tr><td rowspan="3">目标制定</td><td colspan="4">1. 知识点把握科学、准确，体现出对《课标》的理解。</td><td></td></tr>
<tr><td colspan="4">2. 符合学生年龄特点和认知规律，教学策略、手段、方式选择合理、新颖、有效。</td><td></td></tr>
<tr><td colspan="4">3. 重视学生情感态度与价值观的引导。</td><td></td></tr>
<tr><td rowspan="7">教学活动</td><td colspan="4">1. 引入自然、恰当。</td><td></td></tr>
<tr><td colspan="4">2. 问题设置有层次，能有效地激发学生学习愿望和深度思维。</td><td></td></tr>
<tr><td colspan="4">3. 教学的知识量、深度和广度适当，教学重点突出，教学难点的突破方法科学、有实效。</td><td></td></tr>
<tr><td colspan="4">4. 能够关注全体学生的学习，进行有效指导，注意学生美术学习习惯的训练和培养。</td><td></td></tr>
<tr><td colspan="4">5. 恰当地使用现代教学技术与媒体。</td><td></td></tr>
<tr><td colspan="4">6. 课堂气氛活跃、有序，师生、生生交流平等。</td><td></td></tr>
<tr><td colspan="4">7. 用适当手段拓展延伸，引起学生对与本课内容相关知识的关注和学习欲望。</td><td></td></tr>
<tr><td rowspan="4">教师素质</td><td colspan="4">1. 教师语言表达准确、精练、生动，有逻辑性、条理性和启发性。</td><td></td></tr>
<tr><td colspan="4">2. 教师能发挥自己丰富的知识和人文素养，为学生营造生动、有趣的学习情景。</td><td></td></tr>
<tr><td colspan="4">3. 教师能根据教学内容使用板书和范画，板书和范画演示要规范并具有观赏艺术性。</td><td></td></tr>
<tr><td colspan="4">4. 教师具有解决突发性课堂生成的能力。</td><td></td></tr>
<tr><td rowspan="3">学习效果</td><td colspan="4">1. 学生学习并且掌握了教学目标所要求的知识、技能。</td><td></td></tr>
<tr><td colspan="4">2. 学生广泛参与学习，并且在教师和学生互动中，有智慧的火花和创作的灵感生成。</td><td></td></tr>
<tr><td colspan="4">3. 能够引导学生感受美术的文化内涵，形成正确的审美观点。</td><td></td></tr>
<tr><td rowspan="3">评价</td><td colspan="4">1. 课堂学习活动评价以学生的发展为本，关注和鼓励每一个学生。</td><td></td></tr>
<tr><td colspan="4">2. 阶段性即时评价贯穿教学活动的始终，起到“引导”和“激发”的作用，不流于形式。</td><td></td></tr>
<tr><td colspan="4">3. 课堂终结性评价能够反映学生的学习效果和学习感受，形式丰富，并且以学生积极参与为主。</td><td></td></tr>
<tr><td rowspan="2">评价等级</td><td>A</td><td>B</td><td>C</td><td>D</td><td>总分</td></tr>
<tr><td></td><td></td><td></td><td></td><td></td></tr>
</table>

评价表的操作使用说明如下。

**1. 等级评定办法**

课程评价采用模糊评价的方法，每一个观察点均对应具体的分值，最后的评价等级按照A、B、C、D四级来划分，目的是鼓励教师在教学过程中的积极表现。一般来讲，满分为100分，90分以上为A等，89～75分为B等，74～60分为C等，60分以下为D等。

一人评课可以根据听课实况，按等级评定办法给出恰当的等级；多人评课则采用多数定等法，即以多数评价者确定的等级为结果，或者通过集体讨论和评议确定等级。

**2. 使用程序**

（1）评课前，评课人认真阅读评价方案，熟悉评价要点的特征描述。

（2）评课前，评课人一般要对被评教师的教案进行分析，并根据需要拟订测试卷或调查问卷。

（3）评课人在评课过程中，根据评价要点做好听课记录。

（4）被评教师根据评价指标进行自我评价，并就教学条件、教学设计、教学实施等方面做简要说明。

（5）评课人按照评定等级办法，根据教学实施情况、学生测试或问卷结果、教师自我评价等，评定等级，再写出简要的、有针对性的评语。

课虽然听完了，但学习和思考并没有结束。要提高听、评课的有效性，还需要课后趁热打铁，及时反思，并将自己对于听、评课的思考和体会在实际教学中加以运用、借鉴和创新，实现听、评课收益的最大化。听、评课教师一要深入反思重要的教学环节和教学细节，及时思考哪些教学细节促进了学生的知识建构，哪些细节设计得合理巧妙，哪些细节设计还有待改进等。二要理解感悟那些精彩的互动与生成，及时回顾总结课堂上教师和学生的互动交流，仔细斟酌、认真推敲哪些活动设计、提问或回答实现了教学的互动，促进了教学的生成，特别是对那些隐藏在教学过程中的教学细节，往往当时不一定能够及时体会，而课后反思则有助于深入理解感悟。三要认真总结教学的成败得失，并寻找原因。课后，结合评课及真实感悟，对教学过程中的成功和不足再进行一次系统的梳理和归纳，重新审视哪些是真正的“亮点”，哪些确实是问题或不足，同时深究其成因。四要及时改进自己的教学。听、评课是为改进教学服务的，有效性自然体现在教师自身的教学实效上。在教学实践中对听、评课中的收获加以检验和运用，可以实现听、评课效益的最大化。一方面，通过听、评课取长补短，发挥自己的特长和优势，逐渐形成自己特有的、适合学生的教学风格；另一方面，在听评课中关注、研究学生学习的过程，以此提高课堂效率，让学习真正发生。

# 第三节 上 课

结合听课、评课环节，以及之前所提到的备课环节安排，实习生在听课、评课结束，与实习学校指导教师交接好后，方可开始上课。上课时间段一般为 2～3 周，具体上课时间应与所实习班级课表一致。

## 一、上课内容

授课内容一般分为导入、教学环节展示、课堂互动教学、课程内容回顾、布置作业和反馈总结这几个部分。但根据每门课程的特点，内容也有会有一些不同，可以相应进行调整。

课程导入应是上课的第一部分。在这一部分，实习生需要注意以下几点：导入的内容应当是与授课内容相关的，能让学生进行相关联的构想；导入的方式应多样化，可采用音频、视频等多媒体方式进行；控制好导入时间，按照一节课 45 分钟来说，导入时间为 10～15 分钟比较恰当。

教学环节展示是上课的必要内容。在这一部分，授课教师应向学生展示本节课所教授的具体内容、教学步骤如何编排、如何循序渐进，让学生在宏观上对整节课的内容有所了解，做好心理预设，为后面的内容做好衔接。

互动教学部分是上课的主要部分。在这一环节中，教师需要根据已编排好的教案，运用多样化的教学手段，充分调动学生的积极性来开展教学。互动时间控制在 20～25 分钟比较适宜。

内容回顾、布置作业也是必不可少的环节。进行内容回顾，目的在于提纲挈领地引导学生对本节课所学知识进行巩固，强化知识路线图。布置作业则是对课后任务进行安排，起到复习、巩固作用。这两部分时间一般控制在 10～15 分钟比较适宜。

实习生在授课过程中要把握好课堂节奏，注意学生的实时反馈。特别要指出的就是在上课过程中，老师应该给学生思考问题的时间。这指的是不要让学生很快说出答案，应尽量避免学生信口开河的发言习惯。学生对知识的掌握取决于对知识的理解领悟程度，每个学生的理解力是不一样的，一定要因人而异，因材施教。要想使一堂课高效完美，教师应做到以下几点：摆正心态，自然和谐地生成，不违背规律，不拔苗助长；认真钻研教材，以生成的动态为导向，提高预设的可变性，不死搬硬套，多设计几套教学方案，根据课堂变化的情况随时改变自己的教法；设计有针对性的问题，提问有价值的问题，提问学生感兴趣或能激发学生学习兴趣的问题；根据学生的接受情况随时调整教学内容、教学环节、教学流程，不要照本宣科、自我陶醉。要在每一堂课都树立四种意识：服务意识——为学生的学习服务；需要意识——为学生的需要服务；生成意识——根据课上发生的情况或某种需要，随机调整教学内容；效果意识——力争让学生“一课一得”。

做好课后总结。课后结合评课及真实感悟，对教学过程中的成功和不足再进行一次系统的梳理和归纳，重新审视哪些是真正的“亮点”，哪些确实是问题或不足，同时深究其成因。

## 二、教师礼仪

除了准备好课程内容，我们还要注意上课的仪表、教态等方面。

### （一）教师的站姿

站姿是教师在课堂中最重要的举止之一。在课堂上教师不同的站立姿势，对学生的心理有不同的影响。站姿的要求：端正、稳重、亲切、自然。

**1. 正确的站姿**

（1）正向抬头，双目平视前方，嘴唇微闭，面带微笑，自然平和。

（2）两肩平行、放松，稍往下压，使人体有向上的感觉。

（3）躯干挺直，身体重心应在两腿的中央，做到挺胸、收腹、立腰。

（4）双臂自然下垂于身体两侧，或放在身体前。

（5）双腿直立，两足分开20公分左右的距离或两脚靠拢，脚尖呈“V”字形。女教师两脚可并拢。男教师双腿张开与肩同宽，保持身体的端正。

**2. 站姿的注意事项**

（1）学生自习时，教师可以用手撑住桌沿，把重心移到某只脚上，但不能长时间手撑桌面，免得学生误认为教师疲惫不堪，影响学习情绪。擦黑板时，教师的站立要稳，不能全身猛烈抖动，左右摇晃，此举会破坏教师的课堂形象。教师讲课的站位不能呆板地固定在一点上，应适当地移动位置，或到学生座位间进行巡视。

（2）忌侧身而站。心理学研究表明，侧身而站和面向黑板而站说明教师的心理是封闭的，不利于阐述教学内容，而且容易给学生留下不友好的印象。

（3）忌站时重心移动太快。站立时重心忽左忽右，会显得信心不足、情绪紧张、焦虑。面对学生站稳，表明教师准备充足，有信心上好这堂课，有能力控制教学局面。

（4）忌远离讲桌，站在讲台的前左角或前右角；忌“打游击”左右来回移动；忌在学生座位行间踱来踱去。这些动作不符合礼仪规范和卫生要求。

（5）忌教师把双手交叉抱在胸前或背在身后，这些动作会给学生一种不易交流的感觉。

（6）如果站立过久，可以将左脚或右脚交替后撤一步，但上身仍需挺直，脚不可伸得太远，双腿不可叉开过大，变换也不能过于频繁。

（7）站立时，忌全身不够端正、双脚叉开过大、双脚随意乱动、无精打采、自由散漫的姿势。

## （二）教师的走姿

教师在课堂上如果能适当走动，变换一下位置，可以改变学生注视教师的角度，减轻视觉疲劳。教师的走姿要优雅、稳重、从容、落落大方。

**1. 教师规范的走姿**

（1）起步时以站姿为基础，上身略微前倾，身体重心在前脚掌上，步态轻盈稳健。

（2）速度适中，不要过快或过慢，过快给人轻浮的印象，过慢则显得没有时间观念，没有活力。

（3）头正颈直，两眼平视前方，面色和悦。

（4）上身挺直，挺胸收腹。

（5）行走时双肩平稳，双臂以肩关节为轴自然摆动，摆动幅度以30～40cm为宜。

（6）身体重心在脚掌前部，两脚跟走在一条直线上。

（7）女教师行走时要走成一条直线，脚步要自如、匀称、轻柔。

（8）男教师行走时要走成两条直线，脚步要大方、稳重、有力。

（9）步幅要适当。着装不同，步幅也要有所不同。

**2. 走姿的特点**

（1）特点。教师行走步伐要稳健、自信、刚劲、有力，体现一种胸有成竹、沉稳自信的风度和气质。

（2）行走的频率。一般在课堂上的行走，步频慢，每秒约1～2步且步幅小；在欢快、热烈的场合步频较快，每秒约2.5步左右，步幅应较大；庄严的大会，步频以每秒2步为宜，步幅自然。行走时挺胸抬头，目视前方，摆臂自然。

**3. 走姿禁忌**

（1）忌弯腰曲背。教师在课堂中的来回走动是不可缺少的。走时，身板要挺直，两肩要端平。

（2）忌步履蹒跚。走动的速度要根据具体情况来来定。走得太慢，使人着急，给人一种漫不经心的感觉；走得太快，使人感到慌乱。

（3）忌面无表情。教师行走时要保持微笑，给学生以亲切感。

（4）忌东张西望。教师行走时应随时保持步姿从容不迫，快慢自然，矫健轻快。

（5）忌步子迈得过大或过小，以免有跨越感或谨小慎微感。

（6）忌敞开衣襟。教师的走姿应当端正，行走中不敞开衣襟，不斜披衣服。

（7）忌拖着鞋走路。

（8）忌课堂上走动过频过急。课堂上行走过急会分散学生的注意力，引起学生的反感。

### （三）教师规范着装参考

总体要求：

发型文雅庄重，梳理整齐；服装正规，大方得体；鞋子光亮、清洁。

图 3-1　教师着装参考图（男）

图 3-2　教师着装参考图（女）

## 第四节　作业批改

作业批改是实习阶段的必要环节，主要分为两个阶段：第一阶段是听课阶段的作业批改。实习的前 2 周一般为听课和熟悉班级教学管理的时间段，在这个时间里实习生作为指导教师的助教，按照教学需要，辅助指导老师批改班级作业。第二阶段为实习生正式上课阶段的作业批改。无论是处于哪一个阶段，对于作业批改，都应该有如下要求。

一是批改规范。实习生要认真学习教师批改作业过程中的基本要求和规范。比如，作业批改惯用模式是什么？是打分数模式还是给级别的模式？

二是态度认真。实习生在批改学生作业时，要书写规范，按时完成。批改作业时，字迹工整是基本要求。另外，批改作业时的批注需表述清晰、详细，能反映学生作业中出现的问题。

三是总结反馈。在作业批改完成后，对作业中反映出的问题需要及时进行总结，并且进行记录。这样实习教师才能在之后的教学中，针对作业中出现的问题及时调整教学安排、转变教学手段，让教学变得更有效率。

附件：

# 义务教育语文课程标准（节选）

## 一、指导思想

以习近平新时代中国特色社会主义思想为指导，全面贯彻党的教育方针，遵循教育教学规律，落实立德树人根本任务，发展素质教育。以人民为中心，扎根中国大地办教育。坚持德育为先，提升智育水平，加强体育美育，落实劳动教育。反映时代特征，努力构建具有中国特色、世界水准的义务教育课程体系。聚焦中国学生发展核心素养，培养学生适应未来发展的正确价值观、必备品格和关键能力，引导学生明确人生发展方向，成长为德智体美劳全面发展的社会主义建设者和接班人。

## 二、课程理念

### （一）立足学生核心素养发展，充分发挥语文课程育人功能

义务教育语文课程围绕立德树人根本任务，充分发挥其独特的育人功能和奠基作用，以促进学生核心素养发展为目的，以识字与写字、阅读与鉴赏、表达与交流、梳理与探究等语文实践活动为主线，综合构建素养型课程目标体系；面向全体学生，突出基础性，使学生初步学会运用国家通用语言文字进行交流沟通，吸收古今中外优秀文化成果，提升思想文化修养，建立文化自信，德智体美劳得到全面发展。

### （二）构建语文学习任务群，注重课程的阶段性与发展性

义务教育语文课程结构遵循学生身心发展规律和核心素养形成的内在逻辑，以生活为基础，以语文实践活动为主线，以学习主题为引领，以学习任务为载体，整合学习内容、情境、方法和资源等要素，设计语文学习任务群。学习任务群的安排注重整体规划，根据学段特征，突出不同学段学生核心素养发展的需求，体现连贯性和适应性。

### （三）突出课程内容的时代性和典范性，加强课程内容整合

义务教育语文课程突出内容的时代性，充分吸收语言、文学研究新成果，关注数字时代语言生活的新发展，体现学习资源的新变化。强调内容的典范性，精选文质兼美的作品，重视对学生思想情感的熏陶感染作用，重视价值取向，突出社会主义先进文化、革命文化、中华优秀传统文化。注重课程内容与生活、与其他学科的联系，注重听说读写的整合，促进知识与能力、过程与方法、情感态度与价值观的整体发展。根据“六三”学制和

“五四”学制各自特点，合理组织与安排课程内容。

### （四）增强课程实施的情境性和实践性，促进学习方式变革

义务教育语文课程实施从学生语文生活实际出发，创设丰富多样的学习情境，设计富有挑战性的学习任务，激发学生的好奇心、想象力、求知欲，促进学生自主、合作、探究学习；引导学生注重积累，勤于思考，乐于实践，勇于探索，养成良好的学习习惯；关注个体差异和不同的学习需求，鼓励自主阅读、自由表达；倡导少做题、多读书、好读书、读好书、读整本书，注重阅读引导，培养读书兴趣，提高读书品位；充分发挥现代信息技术的支持作用，拓展语文学习空间，提高语文学习能力。

### （五）倡导课程评价的过程性和整体性，重视评价的导向作用

义务教育语文课程评价要有利于促进学生学习，改进教师教学，全面落实语文课程目标。课程评价应准确反映学生的语文学习水平和学习状况，注重考察学生的语言文字运用能力、思维过程、审美情趣和价值立场，关注学生学习过程和学习进步。根据不同年龄学生的学习特点和不同学段的学习目标，选用恰当的评价方式，抓住关键，突出重点，加强语文课程评价的整体性和综合性。注重评价主体的多元与互动，以及多种评价方式的综合运用，充分利用现代信息技术促进评价方式的变革。

## 三、课程目标

语文课程围绕核心素养，体现课程性质，反映课程理念，确立课程目标。

### （一）核心素养内涵

核心素养是学生通过课程学习逐步形成的正确价值观、必备品格和关键能力，是课程育人价值的集中体现。义务教育语文课程培养的核心素养，是学生在积极的语文实践活动中积累、建构并在真实的语言运用情境中表现出来的，是文化自信和语言运用、思维能力、审美创造的综合体现。

#### 1. 文化自信

文化自信是指学生认同中华文化，对中华文化的生命力有坚定信心。通过语文学习，热爱国家通用语言文字，热爱中华文化，继承和弘扬中华优秀传统文化、革命文化、社会主义先进文化，关注和参与当代文化生活，初步了解和借鉴人类文明优秀成果，具有比较开阔的文化视野和一定的文化底蕴。

#### 2. 语言运用

语言运用是指学生在丰富的语言实践中，通过主动的积累、梳理和整合，初步具有良

好语感；了解国家通用语言文字的特点和运用规律，形成个体语言经验；具有正确、规范运用语言文字的意识和能力，能在具体语言情境中有效交流沟通；感受语言文字的丰富内涵，对国家通用语言文字具有深厚感情。

**3. 思维能力**

思维能力是指学生在语文学习过程中的联想想象、分析比较、归纳判断等认知表现，主要包括直觉思维、形象思维、逻辑思维、辩证思维和创造思维。思维具有一定的敏捷性、灵活性、深刻性、独创性、批判性。有好奇心、求知欲，崇尚真知，勇于探索创新，养成积极思考的习惯。

**4. 审美创造**

审美创造是指学生通过感受、理解、欣赏、评价语言文字及作品，获得较为丰富的审美经验，具有初步的感受美、发现美和运用语言文字表现美、创造美的能力；涵养高雅情趣，具备健康的审美意识和正确的审美观念。

核心素养的四个方面是一个整体。语言是重要的交际工具和思维工具，语言发展的过程也是思维发展的过程，二者相互促进。语言文字及作品是重要的审美对象，语言学习与运用也是培养审美能力和提升审美品位的重要途径。语言文字既是文化的载体，又是文化的重要组成部分，学习语言文字的过程也是学生文化积淀与发展的过程。在语文课程中，学生的思维能力、审美创造、文化自信都以语言运用为基础，并在学生个体语言经验发展过程中得以实现。

## （二）总目标

1. 在语文学习过程中，培养爱国主义、集体主义、社会主义思想道德，逐步形成正确的世界观、人生观、价值观。

2. 热爱国家通用语言文字，感受语言文字及作品的独特价值，认识中华文化的丰厚博大，汲取智慧，弘扬社会主义先进文化、革命文化、中华优秀传统文化，建立文化自信。

3. 关心社会文化生活，积极参与和组织校园、社区等文化活动，发展交流、合作、探究等实践能力，增强社会责任意识。感受多样文化，吸收人类优秀文化的精华。

4. 认识和书写常用汉字，学会汉语拼音，能说普通话。主动积累、梳理基本的语言材料和语言经验，逐步形成良好的语感，初步领悟语言文字运用规律。学会使用常用的语文工具书，运用多种媒介学习语文，初步掌握基本的语文学习方法，养成良好的学习习惯。

5. 学会运用多种阅读方法，具有独立阅读能力。能阅读日常的书报杂志，初步鉴赏文学作品，能借助工具书阅读浅易文言文。学会倾听与表达，初步学会用口头语言文明地进行人际沟通和社会交往。能根据需要，用书面语言具体明确、文从字顺地表达自己的见闻、体验和想法。

6. 积极观察、感知生活，发展联想和想象，激发创造潜能，丰富语言经验，培养语言直觉，提高语言表现力和创造力，提高形象思维能力。

7. 乐于探索，勤于思考，初步掌握比较、分析、概括、推理等思维方法，辩证地思考问题，有理有据、负责任地表达自己的观点，养成实事求是、崇尚真知的态度。

8. 感受语言文字的美，感悟作品的思想内涵和艺术价值，能结合自己的经验，理解、欣赏和初步评价语言文字作品，丰富自己的情感体验和精神世界。

9. 能借助不同媒介表达自己的见闻和感受，学习发现美、表现美和创造美，形成健康的审美情趣。

### （三）学段要求

依据“六三”学制设定学段要求。“五四”学制第二学段（3～5 年级）主要参照“六三”学制第三学段（5～6 年级）确定，适当降低要求。“五四”学制第三学段（6～7 年级）在“六三”学制第三学段（5～6 年级）基础上合理提高要求，并结合“六三”学制第四学段（7～9 年级）确定，使“五四”学制 6～9 年级进阶更加科学。

## 第一学段（1～2 年级）

#### 【识字与写字】

1. 喜欢学习汉字，有主动识字、写字的愿望。认识常用汉字 1600 个左右，其中 800 个左右会写。

2. 学会汉语拼音。能读准声母、韵母、声调和整体认读音节。能准确地拼读音节，正确书写声母、韵母和音节。认识大写字母，熟记《汉语拼音字母表》。

3. 掌握汉字的基本笔画和常用的偏旁部首，能按基本的笔顺规则用硬笔写字，注意间架结构，初步感受汉字的形体美。努力养成良好的写字习惯，写字姿势正确，书写规范、端正、整洁。

4. 学习独立识字。能借助汉语拼音认读汉字，学会用音序检字法和部首检字法查字典。

#### 【阅读与鉴赏】

1. 喜欢阅读，感受阅读的乐趣。学习用普通话正确、流利、有感情地朗读课文。学习默读。

2. 结合上下文和生活实际了解课文中词句的意思，在阅读中积累词语。认识课文中出现的常用标点符号，在阅读中体会句号、问号、感叹号所表达的不同语气。借助读物中的图画阅读。

3. 阅读浅近的童话、寓言、故事，向往美好的情境，关心自然和生命，对感兴趣的人物和事件有自己的感受和想法，并乐于与他人交流。诵读儿歌、儿童诗和浅近的古诗，展开想象，获得初步的情感体验，感受语言的优美。

4. 尝试阅读整本书，用自己喜欢的方式向他人介绍读过的书。养成爱护图书的习惯。

5. 积累自己喜欢的成语和格言警句。背诵优秀诗文 50 篇（段）。课外阅读总量不少于 5 万字。

### 【表达与交流】

1. 学说普通话，逐步养成说普通话的习惯，有表达交流的自信心。

2. 能认真听他人讲话，努力了解讲话的主要内容。听故事、看影视作品，能复述大意和自己感兴趣的情节。能较完整地讲述小故事，能简要讲述自己感兴趣的见闻。与他人交谈，态度自然大方，有礼貌。积极参加讨论，敢于发表自己的意见。

3. 对写话有兴趣，留心周围事物，写自己想说的话，写想象中的事物。在写话中乐于运用阅读和生活中学到的词语。

4. 根据表达的需要，学习使用逗号、句号、问号、感叹号。

### 【梳理与探究】

1. 观察字形，体会汉字部件之间的关系。梳理学过的字，感知汉字与生活的联系。

2. 观察大自然，热心参加校园、社区活动，积累活动体验和语文学习，用口头或图文等方式整理、表达自己在活动中的见闻和想法。

3. 对周围事物有好奇心，能就感兴趣的内容提出问题，结合其他学科的学习和生活经验交流讨论，尝试提出自己的看法。

在落实以上要求过程中，注重引导学生关注中华优秀传统文化在日常生活中的表现，初步感受中华优秀传统文化的重要价值；初步懂得幸福生活是革命前辈浴血奋战、艰苦奋斗换来的，激发对革命领袖、革命家、英雄人物的崇敬之情。

## 第二学段（3～4 年级）

### 【识字与写字】

1. 对学习汉字有浓厚的兴趣，养成主动识字的习惯。累计认识常用汉字 2500 个左右，其中 1600 个左右会写。有初步的独立识字能力。能用音序检字法和部首检法查字典、词典。

2.2. 写字姿势正确，养成良好的书写习惯。能用硬笔熟练地书写正楷字，做到规范、端正、整洁。用毛笔临摹正楷字帖，感受汉字的书写特点和形体美。

3.3. 能感知常用汉字形、音、义之间的联系，初步建立汉字与生活中事物、行为的联系，初步感受汉字的文化内涵。

## 【阅读与鉴赏】

1. 用普通话正确、流利、有感情地朗读课文。初步学会默读，做到不出声，不指读。学习略读，粗知文章大意。

2. 能联系上下文，理解词句的意思，体会课文中关键词句表达情意的作用。能借助字典、词典和生活积累，理解生词的意义。在理解语句的过程中，体会句号与逗号的不同用法，了解冒号、引号的一般用法。

3. 能初步把握文章的主要内容，体会文章表达的思想感情。学习圈点、批注等阅读方法。能对课文中不理解的地方提出疑问，乐于与他人讨论交流。

4. 能复述叙事性作品的大意，初步感受作品中生动的形象和优美的语言，关心作品中人物的命运和喜怒哀乐，与他人交流自己的阅读感受。诵读优秀诗文，注意在诵读过程中体验情感，展开想象，领悟诗文大意。

5. 阅读整本书，初步理解主要内容，主动和同学分享自己的阅读感受。

6. 积累课文中的优美词语、精彩句段，以及在课外阅读和生活中获得的语言材料。背诵优秀诗文 50 篇（段）。养成读书看报的习惯，收藏图书资料，乐于与同学交流。课外阅读总量不少于 40 万字。

## 【表达与交流】

1. 乐于用口头、书面的方式与人交流沟通，愿意与他人分享，增强表达的自信心。

2. 能用普通话交谈，学会认真倾听，听人说话时能把握主要内容，并能简要转述。能就不理解的地方向人请教，就不同的意见与人商讨。

3. 能清楚明白地讲述见闻，说出自己的感受和想法。讲述故事力求具体生动。能主动参与日常生活中的文化活动，根据不同的场合，尝试运用合适的音量和语气与他人交流，有礼貌地请教、回应。

4. 观察周围世界，能不拘形式地写下自己的见闻、感受和想象，注意把自己觉得新奇有趣或印象最深、最受感动的内容写清楚。能用便条、简短的书信等进行交流。尝试在习作中运用自己平时积累的语言材料，特别是有新鲜感的词句。

5. 学习修改习作中有明显错误的词句。根据表达的需要，正确使用冒号、引号等标点符号。课内习作每学年 16 次左右。

【梳理与探究】

1. 尝试分类整理学过的字词。尝试发现所学汉字形、音、义和书写的特点，帮助自己识字、写字。

2. 学习组织有趣味的语文实践活动，在活动中学习语文，学会合作。结合语文学习，观察大自然，观察社会，积极思考，运用书面或口头方式，并可尝试用表格、图像、音频等多种媒介，呈现自己的观察与探究所得。

3. 能提出学习和生活中的问题，有目的地搜集资料，共同讨论，尝试运用语文并结合其他学科知识解决问题。

在落实以上要求过程中，注重感悟国家通用语言文字的文化内涵，初步认识中华优秀传统文化蕴含的思想和智慧；感悟革命英雄、模范人物的爱国主义情怀和高尚品质，激发向英雄模范学习的意愿和行动，培养对中国共产党和中华人民共和国的朴素情感，增强民族自豪感。

## 第三学段（5～6 年级）

【识字与写字】

1. 有较强的独立识字能力。累计认识常用汉字 3000 个左右，其中 2500 个左右会写。感受汉字的构字组词特点，体会汉字蕴含的智慧。

2. 写字姿势正确，有良好的书写习惯。硬笔书写楷书，行款整齐，力求美观，有一定的速度。能用毛笔书写楷书，在书写中体会汉字的优美。

【阅读与鉴赏】

1. 熟练地用普通话正确、流利、有感情地朗读课文。默读有一定的速度，默读一般读物每分钟不少于 300 字。学习浏览，扩大知识面，根据需要搜集信息。

2. 能联系上下文和自己的积累，推想课文中有关词句的意思，辨别词语的感情色彩，体会其表达效果。在理解课文的过程中体会顿号与逗号、分号与句号的不同用法。

3. 在阅读中了解文章的表达顺序，体会作者的思想感情，初步领悟文章的基本表达方法。在交流和讨论中，敢于提出看法，作出自己的判断。

4. 阅读叙事性作品，了解事件梗概，能简单描述印象最深的场景、人物、细节，说出自己的喜爱、憎恶、崇敬、向往、同情等感受；阅读诗歌，大体把握诗意，想象诗歌描述的情境，体会作品的情感。受到优秀作品的感染和激励，向往和追求美好的理想。

5. 阅读说明性文章，能抓住要点，了解文章的基本说明方法。阅读简单的非连续性文本，能从图文等组合材料中找出有价值的信息。尝试使用多种媒介阅读。

6. 阅读整本书，把握文本的主要内容，积极向同学推荐并说明理由。

7. 背诵优秀诗文60篇（段），注意通过语调、韵律、节奏等体味作品的内容和情感。扩展阅读面，课外阅读总量不少于100万字。

## 【表达与交流】

1. 听人说话认真、耐心，能抓住要点，并能简要转述。乐于表达，与人交流能尊重和理解对方。注意语言美，抵制不文明的语言。

2. 表达有条理，语气、语调适当。参与讨论，敢于发表自己的意见，说清自己的观点。能根据对象和场合，稍作准备，作简单的发言。

3. 懂得写作是为了自我表达和与人交流。养成留心观察周围事物的习惯，有意识地丰富自己的见闻，珍视个人的独特感受，积累习作素材。

4. 能写简单的纪实作文和想象作文，内容具体，感情真实。能根据内容表达的需要，分段表述。学写读书笔记，学写常见应用文。

5. 修改自己的习作，并主动与他人交换修改，做到语句通顺，行款正确，书写规范、整洁。根据表达需要，正确使用常用的标点符号。习作要有一定速度。课内习作每学年16次左右。

## 【梳理与探究】

1. 分类整理学过的字词，发现所学汉字形、音、义和书写的特点，发展独立识字能力和写字能力。

2. 感受不同媒介的表达效果，学习跨媒介阅读与运用，初步运用多种方法整理和呈现信息。

3. 初步了解查找资料、运用资料的基本方法。利用图书馆、网络等渠道获取资料，解决与学习和生活相关的问题。尝试写简单的研究报告。

4. 策划简单的校园活动和社会活动，对所策划的主题进行讨论和分析，学写活动计划和活动总结。对自己身边的、大家共同关注的问题，或影视作品中的故事和形象，通过调查访问、讨论演讲等方式，开展专题探究活动，学习辨别是非、善恶、美丑。

在落实以上要求过程中，注重了解中华优秀传统文化的源远流长、丰富多彩，提升自身中华优秀传统文化修养；感受先贤志士的人格魅力，感悟老一辈无产阶级革命家的英雄气概、优良作风和高尚品质，体会捍卫民族尊严、维护国家利益和世界和平的伟大精神。

## 第四学段（7~9 年级）

### 【识字与写字】

1. 能熟练地使用字典、词典独立识字，会用多种检字方法。累计认识常用汉字 3500 个左右。

2. 写字姿势正确，保持良好的书写习惯。在使用硬笔熟练地书写正楷字的基础上，学写规范、通行的行楷字，提高书写的速度。临摹、欣赏名家书法，体会书法的审美价值。

### 【阅读与鉴赏】

1. 能用普通话正确、流利、有感情地朗读。养成默读习惯，有一定的速度，阅读一般的现代文，每分钟不少于 500 字。能较熟练地运用略读和浏览的方法，扩大阅读范围。

2. 在通读课文的基础上，理清思路，理解、分析主要内容，体味和推敲重要词句在语言环境中的意义和作用。对课文的内容和表达有自己的心得，能提出自己的看法，并能与他人合作，共同探讨、分析、解决疑难问题。

3. 在阅读中了解叙述、描写、说明、议论、抒情等表达方式。能区分写实作品与虚构作品，了解诗歌、散文、小说、戏剧等文学样式。

4. 欣赏文学作品，有自己的情感体验，初步领悟作品的内涵，从中获得对自然、社会、人生的有益启示。能对作品中感人的情境和形象说出自己的体验，品味作品中富于表现力的语言。

5. 阅读简单的议论文，能区分观点与材料（道理、事实、数据、图表等），发现观点与材料之间的联系，并通过自己的思考，作出判断。阅读新闻和说明性文章，能把握文章的基本观点，获取主要信息。阅读科技作品，还应注意领会作品中所体现的科学精神和科学思想方法。阅读由多种材料组合、较为复杂的非连续性文本，能领会文本的意思，得出有意义的结论。

6. 诵读古代诗词，阅读浅易文言文，能借助注释和工具书理解基本内容。注重积累、感悟和运用，提高自己的欣赏品位。背诵优秀诗文 80 篇（段）。

7. 每学年阅读两三部名著，探索个性化的阅读方法，分享阅读感受，开展专题探究，建构阅读整本书的经验。感受经典名著的艺术魅力，丰富自己的精神世界。

8. 随文学习基本的词汇、语法知识，用以帮助理解课文中的语言难点；了解常用的修辞手法，体会它们在课文中的表达效果。了解课文涉及的重要作家作品知识和文化常识。

9. 能利用图书馆、网络搜集自己需要的信息和资料，帮助阅读。学会制订自己的阅读计划，广泛阅读各种类型的读物，课外阅读总量不少于260万字。

【表达与交流】

1. 注意对象和场合，学习文明得体地交流。耐心专注地倾听，能根据对方的话语、表情、手势等，理解对方的观点和意图。

2. 自信、负责地表达自己的观点，做到清楚、连贯、不偏离话题。注意表情和语气，根据需要调整自己的表达内容和方式，不断提高应对能力，增强感染力和说服力。

3. 讲述见闻，内容具体、语言生动。复述转述，完整准确、突出要点。能就适当的话题作即席讲话和有准备的主题演讲，有自己的观点，有一定说服力。讨论问题，能积极发表自己的看法，有中心，有根据，有条理；能把握讨论的焦点，并能有针对性地发表意见。

4. 多角度观察生活，发现生活的丰富多彩，能抓住事物的特征，为写作奠定基础。写作要有真情实感，表达自己对自然、社会、人生的感受、体验和思考，力求有创意。

5. 写作时考虑不同的目的和对象。根据表达的需要，围绕表达中心，选择恰当的表达方式。合理安排内容的先后和详略，条理清楚地表达自己的意思。运用联想和想象，丰富表达的内容。正确使用常用的标点符号。

6. 写记叙性文章，表达意图明确，内容具体充实；写简单的说明性文章，做到明白清楚；写简单的议论性文章，做到观点明确，有理有据；能根据生活需要，写常见应用文。能从文章中提取主要信息，进行缩写；能根据文章的基本内容和自己的合理想象，进行扩写；能变换文章的文体或表达方式等，进行改写。尝试诗歌、小小说的写作。

7. 注重写作过程中搜集素材、构思立意、列纲起草、修改加工等环节，提高独立写作的能力。根据表达的需要，借助语感和语文常识修改自己的作文，做到文从字顺。能与他人交流写作心得，互相评改作文，以分享感受，沟通见解。作文每学年一般不少于14次，其他练笔不少于1万字，45分钟能完成不少于500字的习作。

【梳理与探究】

1. 按照一定的标准分类整理学过的字词句篇等语言材料，梳理、反思自己语文学习的经验，努力提高语言文字运用能力，增强表达效果。

2. 学习跨媒介阅读与运用，体会不同媒介的表达特点，根据需要选用合适的媒介呈现探究结果。

3. 自主组织文学活动，在办刊、演出、讨论等活动过程中体验合作与成功的喜悦。关心学校、本地区和国内外大事，就共同关注的热点问题搜集资料，调查访问，相互讨论，能用文字、图表、图画、照片等展示学习成果。

4. 能提出学习和生活中感兴趣的问题，共同讨论，选出研究主题，制订简单的研究计划。能从书刊或其他媒体中获取有关资料，讨论分析问题，独立或合作写出简单的研究报告。掌握查找资料、引用资料的基本方法，分清原始资料与间接资料，学会注明所援引资料的出处。

在落实以上要求过程中，注重理解中华优秀传统文化蕴含的核心思想理念、中华人文精神和传统美德，表达自己作为中华民族一员的归属感和自豪感；体会中国共产党在长期奋斗历程中培育形成的崇高精神和人格风范，体认英雄模范忠于祖国和人民的优秀品质，培育民族气节和爱国主义情怀。

## 四、课程内容

### （一）主题与载体形式

#### 1. 中华优秀传统文化

围绕创造性转化和创新性发展要求，确定中华优秀传统文化内容主题，注重弘扬讲仁爱、重民本、守诚信、崇正义、尚和合、求大同等核心思想理念；弘扬有利于促进社会和谐、鼓励人们向上向善的中华人文精神；弘扬自强不息、敬业乐群、扶危济困、见义勇为、孝老爱亲等中华传统美德。

主要载体为汉字、书法，成语、格言警句，神话传说、寓言故事、历史故事、民间故事、中华民族团结一家亲的故事，古代诗词、古代散文、古典小说，古代文化常识、传统节日、风俗习惯等。

#### 2. 革命文化

围绕伟大建党精神，确定革命文化内容主题，注重反映理想信念、爱国情怀、艰苦奋斗、无私奉献、顽强斗争和英勇无畏等革命传统。

主要载体为老一辈无产阶级革命家和革命英雄人物的代表性作品及反映他们生平事迹的传记、故事等作品，反映党领导人民革命的伟大历程和重要事件的作品，有关革命传统人物、事件、节日、纪念日活动等方面的作品，阐发革命精神的作品，革命圣地、革命旧址和革命文物等。

#### 3. 社会主义先进文化

围绕社会主义核心价值观，确定社会主义先进文化内容主题，突出爱党、爱国、爱社会主义相统一。

主要载体为反映社会主义建设事业中取得的重大成就、涌现出来的模范人物与先进事迹的作品；反映当代中国从站起来、富起来到强起来的奋斗历程和重大事件，以及体现中国式现代化新道路和人类文明新形态的相关作品；反映和谐互助、共同富裕、改革创新、劳动创造美好生活等方面的作品。

在突出上述主题的同时，还应选择反映世界文明优秀成果、科技进步、日常生活特别是儿童生活等方面的主题。主要载体为外国文学名著、科普科幻作品、实用性文章、中外优秀儿童文学作品等。

各类主题的主要载体还应包括口头和书面交流与沟通、跨媒介阅读与表达等语文实践活动。

根据不同学段特点，统筹安排各类主题的相关学习内容。体现中华优秀传统文化、革命文化、社会主义先进文化的作品，应占60%～70%；反映科技、自然、生活等方面的应用、说明、记叙类作品，以及外国优秀文化作品，占30%～40%。

## （二）内容组织与呈现方式

义务教育语文课程内容主要以学习任务群组织与呈现。设计语文学习任务，要围绕特定学习主题，确定具有内在逻辑关联的语文实践活动。语文学习任务群由相互关联的系列学习任务组成，共同指向学生的核心素养发展，具有情境性、实践性、综合性义务教育语文课程按照内容整合程度不断提升，分三个层面设置学习任务群，其中第一层设“语言文字积累与梳理”1个基础型学习任务群，第二层设“实用性阅读与交流”“文学阅读与创意表达”“思辨性阅读与表达”3个发展型学习任务群，第三层设“整本书阅读”“跨学科学习”2个拓展型学习任务群。根据学段特点，学习任务群安排可有所侧重。

### 1. 基础型学习任务群

语言文字积累与梳理

本学习任务群旨在引导学生在语文实践活动中，积累语言材料和语言经验，形成良好语感；通过观察、分析、整理，发现汉字的构字组词特点，掌握语言文字运用规范，感受汉字的文化内涵，奠定语文基础。

### 【学习内容】

## 第一学段（1～2年级）

（1）认识有关人的身体与行为、天地四方、自然万物等方面的常用字；认识家庭生活、学校生活、社会生活中的常用字；学习书写笔画简单的字，初步体会汉字结构的主要特点。

（2）先认先写基本字，学习部首检字法，尝试发现汉字的一些规律，初步学习分类整理课内外认识的字；在生活中主动识字，发展独立识字能力。

（3）认读拼音字母，拼读音节，认识声调，借助汉语拼音认读汉字，学习音序检字法；在日常交际情境中学习汉语拼音和普通话。

（4）诵读、记录课内外学到的成语、谚语、格言警句、儿歌、短小的古诗等，感受中华优秀传统文化，养成自主积累的习惯。

## 第二学段（3～4年级）

（1）在真实的语言文字运用情境中独立识字与写字，初步梳理常用汉字形、音、义之间的联系。

（2）关注校园内外汉字和标点符号的正确使用情况，整理自己的发现并和同学交流，互相正字正音。

（3）诵读、积累成语典故、中华文化名言、短小的古诗词和新鲜词语、精彩句段等，丰富自己的语汇，分类整理、交流，初步认识中华优秀传统文化蕴含的思想；在语言积累和运用过程中，体会同义词、反义词等词语的作用，发现、感受语言的表现力和创造力。

## 第三学段（5～6年级）

（1）主动通过多种方式独立识字，按照汉字字形结构等规律梳理学过的汉字。丰富自己的词语积累，注意词语的感情色彩。

（2）开展校园内外讲普通话、写规范字、正确使用标点符号情况的调查，整理、分享自己的发现。

（3）诵读优秀诗文，分主题梳理自己积累的成语典故、格言警句、对联等语言材料，并尝试运用到日常读写活动中，增强表达效果。

## 第四学段（7～9年级）

（1）在语言文字运用情境中，发现、感受和表现语言文字的魅力。围绕汉字、书法、成语典故、对联、诗文等方面内容，策划并开展语文学习、展示和交流活动，加深对语言文字及其文化内涵的认识和理解。

（2）梳理学过的语言现象，欣赏优秀作品的语言表达技巧，初步探究语言文字的运用规律。学习按照词类梳理字词，学习整理典型的语法、修辞应用实例

（3）继续丰富自己的积累。分类整理、欣赏、交流所积累的词语、名句、诗文等，并在日常读写活动中积极运用，提升自身的中华文化修养。

【教学提示】

（1）根据学生的年龄特点和认知规律，紧密联系学生的生活实际，结合识字内容，选择适宜的学习主题，创设学习情境；激发学生识字、写字、诵读、积累、探究的兴趣，并注意将语言积累、梳理与体认社会主义先进文化、革命文化、中华优秀传统文化相结合；引导学生在识字、写字、语言积累中感受中华文化的魅力，激发热爱中华文化的情感。

（2）识字与写字是阅读和写作的基础，是第一学段的教学重点，也是贯穿整个义务教育阶段的重要教学内容。识字与写字教学应结合学生的生活经验，采用形象直观的教学手段，创设丰富多彩的学习情境，综合运用随文识字、集中识字、注音识字、字理识字等多种识字方法，逐步发展学生的识字、写字能力。第一学段应多认少写，要求学生会认的字不一定同时要求会写，合理安排识字与写字的量。一年级第一、第二学期会认的字大致安排250个和350个，其中二分之一的字会写。应先认先写《识字、写字教学基本字表》中的字，充分发挥这些字构形简单、重现率高、组字构词能力强的特点，打好基础，举一反三。应重视学生的写字姿势，引导学生掌握基本的书写技能，养成良好的书写习惯。

（3）诵读、积累与梳理，重在培养兴趣、语感和习惯。引导学生增强语言积累和梳理的意识，教给学生语言积累和梳理的方法，注重积累、梳理与运用相结合。诵读材料要选择脍炙人口的千古名篇和名言名句，既要有文化内涵，又要短小精悍，朗朗上口。提倡日积月累，不要贪多求快；提倡熟读成诵，不要死记硬背。引导学生借助信息技术等多种方式汇总、梳理自己积累的语言材料，建立自己的创意语言资料库，并能学以致用。

（4）语音、文字、词汇、语法、修辞等方面的知识，要避免围绕相关知识的概念、脱离实际运用进行机械训练。在教学中应根据语言文字运用的实际需要，从遇到的具体语言实例出发进行指导。

（5）识字评价要考察学生认清字形、读准字音、掌握汉字基本意义的情况，在具体语言环境中运用汉字的能力，借助字典、词典等工具书查检字词的能力，帮助学生养成写规范字的习惯，减少错别字。第一、第二学段应多关注学生主动识字的兴趣，第三、第四学段要重视考察学生独立识字的能力。写字评价要考察学生对要求“会写”的字的掌握情况，重视书写的正确、端正、整洁，在此基础上，逐步要求书写流利。语文知识的概念不作为考试内容。

**2. 发展型学习任务群**

实用性阅读与交流

本学习任务群旨在引导学生在语文实践活动中，通过倾听、阅读、观察，获取、整合有价值的信息，根据具体交际情境和交流对象，清楚得体表达，有效传递信息，满足家庭生活、学校生活、社会生活交流沟通需要。

**【学习内容】**

## 第一学段（1～2年级）

（1）阅读有关个人生活、家庭生活的短文，认识图文中相关的汉字，感受美好亲情；学习运用文明礼貌语言，与家庭成员、亲朋好友交流沟通，学会感恩。

（2）阅读有关学校生活的短文，认识图文中相关的汉字；学习与同学、老师文明沟通；乐于分享学校生活中的见闻和感受，热爱学习，热爱学校。

（3）在革命遗址、博物馆、公园、剧场、车站、书店、超市、银行等社会场所中，学习认识有关标牌、图示、说明书等，了解公共生活规则，学会有礼貌地交流。

（4）学习有关中华优秀传统文化的短文，将读到、听到、看到的故事讲给他人听。

## 第二学段（3～4 年级）

（1）阅读有关家庭生活、学校生活、社会生活的短文，学习用口头和书面的方式，客观地表述生活中的见闻片段。学习写留言条、请假条、短信息、简单书信等日常应用文，注意称谓和基本格式，文明礼貌地进行交流。

（2）学习阅读说明、叙写大自然的短文，感受、欣赏大自然的奇妙与美好。学习用日记、观察手记等，展示自己观察自然、探索科学世界的收获。

（3）学习具体、清楚、生动地讲述有关老一辈无产阶级革命家和革命英雄、劳动模范、科学家的事迹，以及反映中华传统美德的故事。

## 第三学段（5～6 年级）

（1）观察、思考日常生活，阅读记人叙事的优秀文本，学习通过口头表达、书面叙写，与他人交流身边令人感动、难忘的人和事。

（2）走进大自然，走进科学世界，走进社会，阅读参观访问记、考察报告、科技说明文、科学家小传等文本；学习记笔记、列大纲、写脚本、画思维导图等整理和呈现信息的方法；学习通过口头表述和多种形式的书面表达，分享观察自然、探索科学世界的所见所闻、所思所感。

（3）能写日记，关注家庭、学校、社区生活中发生的新鲜事。

（4）学习革命英雄和劳动模范的事迹，尝试用多种媒介方式记录、展示、讲述他们的故事，表达自己的崇敬之情。

## 第四学段（7～9 年级）

（1）阅读叙事性和说明性文本，发现、欣赏、表达和交流家庭生活、学校生活、社会生活和大自然的美好，热爱生活，感恩生活。

（2）阅读科技作品，欣赏人类的科学创造，关注祖国的科技创新和社会主义建设成就，交流自己的发现与体会；学习为创造人类美好生活作出重要贡献的杰出人物的事迹，激发创造精神。

（3）学习跨媒介阅读与交流。通过多种媒介关注国内外政治、经济、社会、科技、文化等方面的新鲜事，比较不同媒介的表达效果，尝试探究不同媒介的表达特点；阅读新闻报道、时事评论等作品，关注社会主义建设新成果，就感兴趣的话题与同学进行线上线下讨论，根据目的与对象选择合适的媒介进行交流沟通。

【教学提示】

（1）应紧扣“实用性”特点，结合日常生活的真实情境进行教学。第一、第二学段可以围绕“我爱我家”“我爱上学”“文明的公共生活”等主题设计学习任务，引导学生学习日常生活语言，学会文明交往，学习表达生活；第三、第四学段可以围绕“拥抱大千世界”“创造美好生活”“科学家的故事”“数字时代的生活”“家乡文化探究”等主题，开展阅读与探究活动，引导学生关注社会，表达和交流自己在生活中的发现和感受。

（2）学习活动可以采用朗读、复述、游戏、表演、讲故事、情景对话、现场报道等学生喜闻乐见的形式，将识字、写字、阅读、写作、口语交际、搜集处理信息等融为一体；应加强对跨媒介阅读与交流的指导，充分利用数字资源和信息化平台，引导学生提高语言理解与运用能力，逐步增强语言表达的准确性、规范性。

（3）评价应注重学生在真实生活情境中语言运用的实际表现，围绕个人生活、学校生活、社会生活中阅读与交流的实际任务，评价学生实用性阅读与交流的能力。在评价中，应引导学生注意实用性阅读与表达的目的、对象、情境，以及交流效果，注意内容明确、条理清晰、语言简洁明了，注意应用文的基本格式和行文规范。

文学阅读与创意表达

本学习任务群旨在引导学生在语文实践活动中，通过整体感知、联想想象，感受文学语言和形象的独特魅力，获得个性化的审美体验；了解文学作品的基本特点，欣赏和评价语言文字作品，提高审美品位；观察、感受自然与社会，表达自己独特的体验与思考，尝试创作文学作品。

【学习内容】

## 第一学段（1～2 年级）

（1）阅读并学习讲述革命领袖、革命英雄、爱国志士的童年故事，表达敬仰之情和向他们学习的愿望。

（2）诵读表现自然之美的短小诗文，感受大自然的美景与变化。

（3）学习儿歌、童话，阅读图画书，体会童真童趣，感受多姿多彩的生活，初步体验文学阅读的乐趣。

## 第二学段（3～4 年级）

（1）阅读并讲述革命故事、爱国故事、历史人物故事，感受幸福生活来之不易，表达自己对美好生活的向往，以及对革命英雄、仁人志士的崇敬之情。

（2）阅读描绘大自然、表现人类美好情感的诗歌、散文等文学作品，结合自己的生活体验，尝试用文学语言表达自己热爱自然、珍爱生命的情感。

（3）阅读富有想象力和表现力的儿童文学作品，欣赏富有童趣的语言与形象，感受纯真美好的童心，学习用口头或者图文结合的方式创编儿童诗和有趣的故事，发展想象力。

## 第三学段（5~6 年级）

（1）阅读、欣赏革命领袖、革命先烈创作的文学作品，以及表现他们事迹的诗歌、小说、影视作品等，感受革命领袖、革命先烈伟大的精神世界和人格力量，认识生命的价值；运用讲述、评析等方式，交流自己的情感体验。

（2）阅读表现人与自然的诗歌、散文等优秀文学作品，感受大自然的奇妙，体会人与自然和谐相处的意义；用口头或者书面的方式表达对自然的观察与体验，抒发自己的情感。

（3）阅读表现人与社会的优秀文学作品，走进广阔的文学艺术世界，学习品味作品语言、欣赏艺术形象，复述印象深刻的故事情节，积累多样的情感体验，学习联想与想象，尝试富有创意地表达。

（4）阅读反映少年成长的故事、小说、传记等，交流自己获得的启示；学习运用细节描写等文学表现手法，描述自己成长中的故事。

## 第四学段（7~9 年级）

（1）阅读反映中国革命各个时期的重大事件、伟大成就、代表性人物及其感人事迹的优秀文学作品，感悟革命领袖、革命英雄、模范人物的理想信念和奋斗精神，运用多种方式交流自己的阅读感受。

（2）阅读表现人与自然的优秀文学作品，包括古诗文名篇，体会作者通过语言和形象构建的艺术世界，借鉴其中的写作手法，表达自己对自然的观察和思考，抒发自己的情感。

（3）阅读表现人与社会、人与他人的古今优秀诗歌、散文、小说、戏剧等文学作品，学习欣赏、品味作品的语言、形象等，交流审美感受，体会作品的情感和思想内涵；尝试写诗歌、小小说等。

（4）领略数字时代精彩的文学世界，欣赏由经典文学作品改编的影视作品，感受不同媒介的艺术魅力。

【教学提示】

（1）可以根据学段学习要求，围绕多样的学习主题创设阅读情境。比如，第一学段

“春夏秋冬”“多彩世界”“童心天真”“英雄的童年”，第二学段“饮水思源”“珍爱自然”“童年趣事”，第三学段“英雄赞歌”“壮丽山河”“爱与责任”“成长的脚印”，第四学段“光辉历程”“精忠报国”“社会万花筒”“人与自然和谐共生”，等等。在主题情境中，开展文学阅读和创意表达活动，引导学生感受文学之美、表达自己的独特感受，促进学生的精神成长。

（2）注意整合听说读写，引导学生综合运用朗读、默读、诵读、复述、评述等方法学习作品。重视古代诗文的诵读积累，感受文学作品语言、形象、情感等方面的独特魅力和思想内涵，提升审美能力和审美品位；鼓励学生在口头交流和书面创作中，运用多样的形式呈现作品，发挥自己的创造性；引导学生成长为主动的阅读者、积极的分享者和有创意的表达者。

（3）评价应围绕学生阅读文学作品的过程性表现进行。第一学段关注阅读兴趣，通过朗读和想象等，侧重考察学生对作品情境、节奏和韵味的大体感受；第二学段在阅读全文基础上，侧重考察学生对重要段落和语句的理解，以及对作品的语言和形象的具体感受；第三、第四学段，侧重考察学生对语言、形象、情感、主题的领悟程度和体验，评价学生文学作品的欣赏水平，关注研讨、交流以及创意表达。

思辨性阅读与表达

本学习任务群旨在引导学生在语文实践活动中，通过阅读、比较、推断、质疑、讨论等方式，梳理观点、事实与材料及其关系；辨析态度与立场，辨别是非、善恶、美丑，保持好奇心和求知欲，养成勤学好问的习惯；负责任、有中心、有条理、重证据地表达，培养理性思维和理性精神。

【学习内容】

## 第一学段（1～2 年级）

（1）阅读有趣的短文，发现、思考身边的鸟兽虫鱼、花草树木、家用电器等日常事物的奇妙之处，说出自己的想法。

（2）大胆提出生活和学习中遇到的问题，通过阅读、观察、请教、讨论等方式，积极思考、探究，乐于分享自己解决问题的办法，说出一两个理由。

## 第二学段（3～4 年级）

（1）阅读有关科学的短文，尝试发现日月星辰、风雨雷电、山川草木等大自然的奥秘，依据事实和细节，运用口头和图文结合的方式，表达自己的观点和思考。

（2）阅读解决生活问题的故事，尤其是中华智慧故事，结合自己在生活中遇到的问题学习思考的方法，尝试运用列提纲、画思维导图等方式，表达故事中的道理。

（3）在日常学习和生活中，主动记录、整理、交流自己发现的问题和思考，学习辨析、质疑、提问等方法。

## 第三学段（5～6 年级）

（1）阅读关于中华传统美德、社会公德等方面的短论、简评，结合校园或社会生活中的实际事例，学习有理有据地口头或书面表达自己的观点。

（2）在日常生活和学习中，发现并思考成语、对联、谚语、绕口令等多种语言现象的特点，体会不同的表达效果。

（3）阅读有关科学发现、技术发明的故事，用画思维导图等方式辅助，简洁清楚地表述科学家发现、发明的过程，学习科学家的创造精神，体会猜想、验证、推理等思维方法。

（4）阅读哲人故事、寓言故事、成语故事等，感受其中的智慧，学习其中的思维方法。

## 第四学段（7～9 年级）

（1）阅读关于生活感悟、生活哲理方面的优秀作品，学习思考与表达的方法，结合生活经验和阅读材料，阐述自己的感悟和观点。

（2）学习关于科学探究方面的文本，联系自己的科学学习经历，围绕问题提出、探究过程、解决方法等进行专题式的研讨、演讲和写作。

（3）阅读诗话、文论、书画艺术论的经典片段，尝试运用其中的观点欣赏、评析作品。

（4）学习革命领袖的理论文章、经典的思辨性文本（包括短小的文言经典），理解作者的立场、观点与方法。围绕社会热点问题，以口头或书面方式参与讨论。

**【教学提示】**

（1）应根据学生思维发展的特点，在不同学段创设适宜的学习主题和学习情境。比如，第一学段“生活真奇妙”“我的小问号”，第二学段“大自然的奥秘”“生活中的智慧”“我的奇思妙想”，第三学段“社会公德大家谈”“奇妙的祖国语言”“科学之光”“东方智慧”，第四学段“生活的感悟”“探究与创造”“艺海拾贝”“理性的声音”，等等。将文本阅读和自主探究结合起来，为学生提供广阔的思考、表达和交流空间。

（2）应设计阅读、讨论、探究、演讲、写作等多种学习活动，引导学生学习发现、思考、探究问题的思路和方法。应注意不同学段的特点，避免操之过急、求之过深。第一学段，重在保护学生的好奇心、自信心，引导学生多观察相似事物的异同点，多问为什么；鼓励学生自由表达、充分表达，以表扬为主。第二学段，可通过具体例子引导学生知道事实与观点的不同。引导学生发表对文本的看法，尝试表达自己的观点，从文本中寻找证据支持自己的观点。第三学段，应引导学生分析证据和观点之间的联系，辨别总分、并列、因果等关系，有条理地表达自己的观点。鼓励学生对文本进行评价。第四学段，注意引导学生客观、全面、冷静地思考问题，识别文本隐含的情感、观点、立场，体会作者运用的思维方法，如比较、分析、概括、推理等，尝试对文本进行评价。引导学生基于阅读和生活实际，开展研讨等活动，表达要观点鲜明、证据充分、合乎逻辑。

（3）应鼓励学生借助现代信息技术，自主搜集和利用学习资源，拓展思路，支持自己的思考和论说。应引导学生学习搜集和选择信息的基本方法，关注信息的可靠性和权威性。能区分原始资料与间接资料，学会注明所援引资料的出处。

（4）评价要关注学生在问题研究过程中的交流、研讨、分享、演讲等现场表现，以及活动过程中产生的文字、表格、统计图、思维导图等学习成果，要特别关注学生思考的过程和思维的方法。

**3. 拓展型学习任务群**

整本书阅读

本学习任务群旨在引导学生在语文实践活动中，根据阅读目的和兴趣选择合适的图书，制订阅读计划，综合运用多种方法阅读整本书；借助多种方式分享阅读心得，交流研讨阅读中的问题，积累整本书阅读经验，养成良好阅读习惯，提高整体认知能力，丰富精神世界。

【学习内容】

## 第一学段（1~2年级）

（1）阅读富有童趣的图画书等浅易的读物，体会读书的快乐。

（2）阅读、朗诵优秀的儿歌集，感受儿歌的韵味和童趣。

（3）阅读自己喜欢的童话书，想象故事中的画面，学习讲述书中的故事。

## 第二学段（3~4年级）

（1）阅读表现英雄模范事迹的图书，如《小英雄雨来》《雷锋的故事》等，讲述英雄模范的动人故事。

（2）阅读儿童文学名著，如《稻草人》《爱的教育》等，感受作品传达的真善美，用自己喜欢的方式讲述故事大意。

（3）阅读中国古今寓言、中国神话传说等，学习其中蕴含的中华智慧，口头或书面分享自己获得的启示。

## 第三学段（5～6 年级）

（1）阅读反映革命传统的作品，如《可爱的中国》《小兵张嘎》《闪闪的红星》等，讲述自己感受到的家国情怀和爱国精神。

（2）阅读文学、科普、科幻等方面的优秀作品，如《寄小读者》《十万个为什么》《海底两万里》等，学习梳理作品的基本内容，针对作品中感兴趣的话题展开交流。

（3）梳理、反思小学阶段的阅读生活，运用口头或书面方式，与同学分享自己整本书阅读的经历、体会和阅读方法。

## 第四学段（7～9 年级）

（1）阅读革命文学作品，如《革命烈士诗抄》《红岩》《红星照耀中国》等，体会、评析革命领袖、革命英雄的爱国精神和人格魅力。

（2）独立阅读古今中外诗歌集、中长篇小说、散文集等文学名著，如《朝花夕拾》《骆驼祥子》《艾青诗选》《西游记》《格列佛游记》《钢铁是怎样炼成的》等。根据阅读进度完成读书笔记，针对作品的语言、形象、主题等方面的话题展开研讨。

（3）开展多样的读书活动，丰富、拓展名著阅读。借助多种媒介讲述、推荐自己喜欢的名著，说明推荐理由；尝试改编名著中的精彩片段；结合自己的阅读体会，尝试撰写文学鉴赏文章。

### 【教学提示】

（1）应统筹安排课内与课外、个人与集体的阅读活动，宜集中使用每学期整本书阅读课时，兼顾教师指导和学生自主阅读，保证学生在课堂上有时间阅读整本书。指导学生认识不同类型图书的特点和价值，根据自身实际确定阅读目的，选择图书和适宜的版本，合理规划阅读时间。应创设自由阅读、快乐分享的氛围，善于发现学生阅读整本书的成功经验，及时组织交流与分享；善于发现、保护和支持学生阅读中的独到见解。

（2）整本书阅读教学，应以学生自主阅读活动为主。引导学生了解阅读的多种策略，运用浏览、略读、精读等不同阅读方法；通读整本书，了解主要内容，关注整体与局部、局部与局部之间的关系；重视序言、目录等在整本书阅读中的作用。设计、组织多样的语文实践活动，如师生共读、同伴共读，朗诵会、故事会、戏剧节，建立读书共同体，交流读书心得，分享阅读经验。

（3）根据开展读书活动的实际需要，合理推荐和利用适宜的学习资源，如拓展阅读的书目、参考资料，以及相关音频、视频作品等，激发学生的阅读兴趣，丰富阅读体验，拓宽阅读视野。借助信息技术为学生拓展学习空间，提供写作、展示、研讨和交流的平台。

（4）注意考察阅读整本书的全过程，以学生的阅读态度、阅读方法和读书笔记等为依据进行评价。教师可以围绕读书的主要环节编制评价量表，制作阅读反思单，引导学生从阅读方法、阅读习惯等方面进行自我反思、自我改进。

跨学科学习

本学习任务群旨在引导学生在语文实践活动中，联结课堂内外、学校内外，拓宽语文学习和运用领域；围绕学科学习、社会生活中有意义的话题，开展阅读、梳理、探究、交流等活动，在综合运用多学科知识发现问题、分析问题、解决问题的过程中，提高语言文字运用能力。

【学习内容】

## 第一学段（1～2 年级）

（1）围绕爱图书、爱文具、爱学习等主题，走进图书馆、阅览室、书店、文具店，在借用、购买、整理图书和文具的过程中，学习识字、说话、计算、设计、美化，学习与他人沟通、交流，养成爱书、爱文具的好习惯。

（2）在班级、学校或家里养护一种绿植或者小动物。综合运用语文、科学、数学等多学科知识，学习日常观察和记录。

（3）参与学校、社区举办的节日和风俗活动，留意身边的传统节日、风俗习惯等文化现象，感受和学习生活中的中华优秀传统文化。

## 第二学段（3～4 年级）

（1）尝试运用科学、艺术、信息科技等相关知识和技能，富有创意地设计并主动参与朗诵会、故事会、戏剧节等校园活动。

（2）参观物质文化遗产，了解非物质文化遗产；关注传统节日节气、民俗风情、民间工艺、历史和传说等；探寻日常生活中龙凤、松竹梅兰等中华文化意象。积极参加学校、社区举办的文化主题活动，在活动中学习语文，获得多样的文化体验。

（3）选择自己发现和关心的日常语言、行为、校园卫生、交通安全、家庭教育等方面的问题进行调查研讨，尝试写出简单的研究报告，与同学交流。

## 第三学段（5～6 年级）

（1）积极参加校园文化社团，参与学校和社区举办的戏曲、书法、篆刻、绘画、刺绣、泥塑、民乐等相关文化活动，体验、感知、传承中华优秀传统文化，运用多种形式分享自己的经验与感受。

（2）综合运用语文、道德与法治、科学、劳动等多方面的知识和技能，通过小组研讨，集体策划、设计参观考察活动方案，运用跨媒介形式分享研学成果。

（3）选取衣食住行、学校、地球、太空等某个方面，设计人工智能时代的未来生活，运用多种形式丰富自己的语言表达，呈现与分享奇思妙想。

## 第四学段（7~9 年级）

（1）结合数学、物理、化学、生物学等学科学习，或者自己参与的科技活动，学习撰写并分享观察、实验研究报告。

（2）在心理健康、身体素质等方面，选择师生共同关心的问题，组织小课题组，开展校园调查，学习设计问卷、访谈、统计、分析，撰写并发布调查报告。

（3）在环境、安全、人口、资源、公共卫生等方面，选择感兴趣的社会热点问题，查找和阅读相关资料，记录重要内容，列出发言提纲，参加班级讨论。

（4）围绕仁爱诚信、天下为公、和谐包容、精忠报国、英勇奋斗、自强不息、明礼守法，以及科学理性、艺术精神等，选择专题，组建小组，开展学习与研究，运用多种形式分享学习与研究成果。

（5）组建文学艺术社团，开展相关文化活动，参与社区文化活动与文化建设；在参与过程中写出策划方案，制作海报，记录活动过程，运用多种媒介发布学习成果。

### 【教学提示】

（1）充分发挥跨学科学习的整体育人优势，增强跨学科学习的计划性和目标意识。根据不同学段学生生活的范围、学习兴趣和能力，精心选择学习主题和内容，组织、策划多样的学习活动。考虑每学期的课时安排，把握活动周期和难度。第一至第三学段以观察、记录、参观、体验为主，第四学段以设计、参与、调研、展示为主。

（2）要引导学生在广阔的学习和生活情境中学语文、用语文，提高交流沟通、团队协作和实践创新能力。注意引导学生掌握问题探究的基本步骤和方法，学会提炼、表达、呈现学习成果，着重培养学生综合运用多学科知识解决实际问题的能力。

（3）要拓展学习资源，增强跨学科学习的综合性和开放性。充分利用图书馆、互联网、社区生活场景、文化场馆等，为学生开展跨学科学习提供必要的支持；也可以结合学校和社区开展的文化活动进行语文跨学科学习。

（4）评价主要以学生在各类探究活动中的表现，以及活动过程中完成的方案、海报、调研报告、视频资料等学习成果为依据。教师可以针对主要学习环节和内容制订评价量表，邀请相关学科教师、家长、社会人士参与评价。评价要关注学生综合运用多学科知识思考问题、解决问题的态度和能力。评价以鼓励为主，既充分肯定学生的发现和创造，又引导学生自我反思提升，不断提高跨学科学习的质量。

## 课后练习

### 一、选择题

1. 教育实习过程，不包括以下哪项？（　　）

A. 课堂观摩与学习

B. 参与学校管理与决策

C. 指导学生课内外活动

D. 进行教学设计与实施

2. 完整的听课规划步骤应为以下哪项？（　　）

A. 确定听课节数—做好听课过程安排—听课结果反思

B. 听课结果反思—做好听课过程安排—确定听课节数

C. 确定听课节数—听课结果反思—做好听课过程安排

D. 做好听课过程安排—听课结果反思—确定听课节数

3. 以下哪项不是听课时需关注的重点？（　　）

A. 教学方法和教学手段

B. 教学活动设计

C. 教室的陈设布置

D. 关注学生情绪反应

4. 基本的教学评价标准，不包括以下哪项？（　　）

A. 教学组织条件

B. 学生考试成绩

C. 教学过程

D. 教学成果

5. 授课过程中，以下哪项行为不符合教师礼仪规范？

A. 穿着整洁得体，仪表端庄

B. 提前到达教室，做好授课准备

C. 接打电话，处理私人事务

D. 尊重学生，耐心解答学生疑问

### 二、判断题

1. 教育实习过程中，实习生可不遵循实习学校的规章制度。（　　）

2. 在教育实习过程中，实习生应该积极参与课堂管理和教学活动。（　　）

3. 教育实习过程仅限于观摩学习，无需亲自授课。 (　　)

4. 教育实习过程中，实习生不需要与指导老师进行定期的交流和反馈。 (　　)

5. 教育实习过程结束后，实习生不需要提交实习报告或总结。 (　　)

## 三、思考题

1. 教育实习过程是师范生进行教育实习最重要的部分。小张经过精心准备、认真备课教学、课后辅导和教学评价等环节的实践，得到了很多宝贵的经验。但作为一个实习生，由于要学习的东西太多，你认为如何合理地做好听课规划呢？听课前和听课后分别应当做哪些准备和安排？

2. 评课在教育实习过程中的教育意义是什么？

# 第四章

# “宽德明辨，以人为本”——班级管理实习

## 学习目标

理解：班级管理、班主任实习和辅导员实习的概念、模式、评价等。

掌握：班级管理、班主任实习和辅导员实习的目标、内容、任务、过程等相关专业知识。

应用：建立通过反思提高班级管理的意识和能力，培养学生运用所学在管理实习中分析和解决问题的能力。

## 素质目标

1. 实现班级文化建设和价值观塑造

主要通过视频、图片、故事、音乐等形式，充分利用书籍、网络等资源，从历史事件、传统文化、学科特征、实践应用等方面开展，形成文化自信、家国情怀、理性思维和创新意识，实现班级管理、教育教学与素质育人的同向同行。

2. 实现学生班级管理育人目标

在班级管理实习工作中适时借助中华优秀传统文化教育学生铭记历史，传承民族精神，增强文化自信，实现育人目标。

3. 引导学生增强社会责任感、使命感

引导学生正确认识班级管理实习在下一代民族精神培塑、社会发展中的重要地位和价值，增进从事教育教学管理的责任感使命感，树立为社会发展贡献青春力量的勇气信心，树立正确的职业道德观念。

**◎案例导入**

W 学院汉语言文学专业 A 同学是一名刚进入初中开展实习的毕业生。在担任实习班主任期间，A 同学发现在晚自习或其他一些学科的课堂，班级里总是会缺一部分学生。A 同学专门记下了这些学生的名单，找他们谈话时才知道他们不在班内，上课时间跑到操场上去打篮球了。因此，A 同学告诫他们以后要按课表认真上课，上课时间未经允许不可以随意离开教室，否则这种就属于逃课行为，积累到一定次数就会受到学校的处罚。同时 A 同学也针对这个现象在班级内进行了强调，还专门组织了班会进行交流，为他们尽快度过初中阶段的适应期提供建议和指导。在此之后，班级内的学生缺课现象果然减少。但是 A 同学又发现了另一个严重的问题，那就是部分学生会无视学校的规定把手机带进来，并且在课上还在玩手机。当 A 同学发现上课玩手机的学生还是上次缺课的学生，于是 A 同学下课将其叫到了办公室并且进行了严厉的批评，指出其在这段时间所犯的错误。该学生承认了错误，进行了自我检讨，并且主动交出手机让 A 同学代为保管。在后来的实习时间内，这个学生端正了自己的学习态度，慢慢适应了初中的学习和生活。

（资料来源：编者根据相关资料编写）

# 第一节 班级管理概述

## 一、班级管理概念

班级是学校教育教学的基本单位，有教学管理、组织活动、纪律规范等功能，也是学生在学校交往和个性成长的环境。班级管理，也称课堂管理、班级经营。对班级管理的解释一般有三种功能取向：功能性取向、行为改变取向和人际互动取向。随着教育改革和管理理论推进，人际互动取向受到重视，确立以学生为本的班级管理观，班主任和教师以关注每个学生在班级生活中的参与和成长为宗旨，以开放的而非外在控制的方式推进班级发展，共同建设一个和谐的班级组织。

班级管理是一种有目的、有计划、有组织的社会活动，是实现教育目标的动态的过程。良好的班级管理对于班级活动的开展、学生全面健康的发展具有积极作用。班级管理体现了教师和学生的双向互动关系，教师的管理和学生的管理结合起来构成了班级管理。

## 二、班级管理目标

班级管理目标是班级管理操作的出发点和归宿，是一定时期内将班级建设成何种状态的总体规划。班级管理目标以学生发展为本，在考虑班级现实的前提下，依据学生情况，制定不同阶段的班级发展目标。这就需要班级管理目标的制定既要考虑理想性和现实性，又要考虑层次性和发展性，要有总目标和子目标，也可有远景目标、中景目标和近景目标。班级管理目标以总目标为主线，实现各阶段子目标，通过班级管理使群体组成的异质性班级逐步成为具有纪律性和共同目标的班集体。

## 三、班级管理内容

### （一）班级组织建设

班集体是促进学生学习成长的班级组织，班主任是班级组织的建设者和指导者。班级组织建设要在遵循班级群体发展规律、不同年龄阶段班级组织发展特点的同时，具体分析班级群体、班级组织现有发展水平，通过民主型风格让学生参与讨论班级建设，自觉开展和维护班级组织建设，以培养学生集体意识、集体主义情感、组织和管理集体能力、自觉遵守纪律的行为习惯及公民意识。

### （二）班级制度管理

班级规章制度是维护班级正常教育教学活动的保障。班级管理包括常规管理和非常规管理。常规管理一般为学校规章制度和班级管理制度，这些制度也称为成文制度，具有基础性、强制性、实际操作性等特点。班主任实施常规管理，要求班级成员都应遵守和服从规章制度，是定型管理。而非常规管理一般是对班级传统、班级风气、班级文化及班级习惯等约定俗成的不成文规定的管理，常常根据班主任、任课教师和学生的具体情况而定，是班级个体的体现，具有个别性和针对性特点，是不定型管理。基于此，班主任要求学生遵守常规制度的同时，针对不同的学生要采取柔性管理方式。

### （三）班级教学管理

教学是学校的中心工作，班级教学管理是班级管理的中心工作。班级教学管理要求明确班级教学管理目标和任务、建立有序的班级教学秩序、建立班级管理指挥系统并指导学生学会学习。班级教学管理主张学生参与教学管理，教师和学生共同制定班级教学管理目标，作为师生合作目标，要发挥学生主体作用，确定班级教学秩序，形成以班主任为核心、以班长或学习委员、课代表为骨干、以学习小组长为中心的组织保障体系，指导学生学会学习，体验学习的快乐。

### （四）班级活动管理

班级活动种类多种多样，可分为课内活动和课外活动，还可分为有思想品德教育活动、文化学习活动、科技活动、文艺活动、劳动活动、综合活动等，也有目标内化活动、建设舆论活动、人际关系活动、班级常规管理活动、学习兴趣活动等。这些班级活动，都需要班主任、教师的管理和指导，具有较强的目的性和严格的要求。班级活动当然也需要师生共同参与制定活动管理运行机制，设置好活动目标、活动内容、活动安排、活动时间、评价考核办法等。师生相互配合，保证活动实效。

## 四、班级管理模式

根据班级管理过程中的人际关系结构和影响，主要有以下四种模式。

### （一）树状模式

这种班级管理模式是以班主任为班级管理中的主干的树状模型。班主任并不直接参与对全班学生管理，他通过对班委会的管理，再由班委会具体参与班级管理并将学校、班主任的管理意图渗透到学生中去。这种模式由班主任扮演着“导演”角色，有利于锻炼学生的能力，发挥学生的积极作用，使学生逐步学会自己管理自己的班级。这种模式操作要点是注重先行培养班委会成员的管理能力，正确看待和发挥班委会的中介作用，使他们成为管理过程中的“主角”。

### （二）网状模式

班级管理模式班主任起着纲领作用，学生处在这个整体的管理网络中。它的实质是：以班主任为纲要，以班委会为骨干，充分调动每一个学生的积极性，使他们由被动接受管教变成主动参与管理，由此使学生之间形成一种相互影响的管理关系网络。在这个网络里每个学生位置、角色在不断变化着。例如，在课外体育活动中，一些具有体育才干又有较强组织能力的学生就处在管理者的地位；而在班会活动中，一些表达能力强或者是具备艺术能力的学生又可处在管理者的位置，有利于发挥每个学生的主动性和潜能，还有利于培养学生的集体意识和自主性，使大多数学生的个性在集体互动中得到充分的体现。此种模式的关键是班主任要充分研究了解每一个学生个别特征，注重在不同的管理环境中发挥不同学生的作用。

### （三）交叉模式

这种模式在管理过程中，班级学生要受到多方面影响和制约，如在学习、活动和生活中要受到来自班主任、教导处、德育处、少先队、工会、总务处等多方面的管理。这种模式是把班级管理放到学校整体环境中去考虑。其主要特征是结构倾向于开放，有利于学生接受全方位的管理和多方面规范化的发展。当然这种模式也要求各方面要协调一致。

### （四）轴辐模式

这种模式是以班主任为中心，班级管理都围绕班主任的中心意图运作。这样的结构是以班主任为原点将管理影响辐射到每个学生身上，形成明确的管理和被管理的关系。班主任直接参与每个学生及事件的管理。班级中出现的各种事件也可以直截了当地反馈到班主任这里。其机构呈圆周式，带有闭合倾向。这种管理比较细致，能深入到每一个学生的细微之处，可以及时掌握班集体发展的动态，其控制性较好，但容易使学生处于被动的地位，很难达到更高层次的管理目标。其操作要领是班主任要全面关心学生，以情感交流作为联系学生的纽带，逐步形成教师的权威性，切忌“婆婆嘴”造成学生的逆反心理。

班级管理不可能运用某一模式就能达到既定的管理目标，要考虑小学、初中或高中学生年龄阶段，也需考虑班级管理过程中教师与学生、学生与学生之间的关系、作用发挥的形式途径、管理内容等，根据实际情况采用主导模式操作和辅助模式操作相结合的方法。

# 第二节 班主任实习

## 一、班主任实习概述

在教育实习期间，班主任实习是基本实习活动之一，班主任实习有利于实习生巩固专业思想，培养专业精神和职业道德，锻炼管理班级工作的基本能力。班主任实习主要包括了解班级和学生、制定班主任实习计划、做好个别教育工作、处理班级日常工作事务、组织班会、处理突发事件和做好家长沟通工作等内容的实习。

班主任实习任务主要为：

一是领导班集体，对班集体进行思想政治教育，指导学生班、团干部开展工作，发挥班、团干部的模范带头作用；

二是根据班级情况召开主题班会，开展班级活动；

三是做好班主任日常工作计划，如指导早读、早操、眼保健操、大扫除、文体活动、课外活动、运动会、批改周记、家访等；

四是认真做好个别教育工作，在全面了解全班各方面情况的基础上，深入了解学生的学习、思想、行为习惯等方面的情况，与学生交流，做好相应辅导工作。

## 二、班主任实习目标

结合师范教育实际，引导实习生掌握中小学班主任工作必备的知识和技能，让实习生以研究者心态置于班主任工作情境，审视班主任工作的管理问题，反省改进自己的班级管理行为，提高自我修养，尽快成为实践智慧的班主任，是班主任实习的最终目标。

班主任实习内容的具体目标为：

一是能制订班主任工作计划和常规工作计划；

二是能运用合适的方法了解和研究学生，能采取科学的方法解决学生问题，促进学生发展；

三是能协助班主任组织好学校各项重要活动，能设计和组织班团活动和课外活动；

四是做好思想政治教育工作和学生问题行为的辅导与转化工作；

五是认真做好家访；

六是初步具备班主任工作的研究能力，能反思班主任工作，探究科学的班主任工作方法；

七是深化对教育工作的认识，夯实师德素养，坚定教育理想和信念。

## 三、班主任实习内容

### （一）了解学生

教育实习备课活动中“备学生”同样也是班主任实习的任务。全面了解和研究学生是班主任实习的前提。

**1. 了解学生的内容**

了解学生包括了解学生个人情况、学生的群体关系、学习和生活环境等。班主任了解学生个人主要为学生个性、性格、人际关系、学习态度、兴趣爱好、身体状况、智力水平、思维方式等；群体关系包括班级风气、舆论倾向、同学关系等；学习和生活环境主要为家庭类型、家长职业和文化素养、家庭物质和精神生活条件、亲子关系状况等。鉴于实习生实习时间有限，不可能全面了解每个学生，可以视班级管理需要，考虑班主任实习重点，如知道班级人数及认识并叫出学生名字；知道每个学生行为表现和成绩状况；了解班干部学习、工作、人际关系情况；了解问题学生表现、问题背景、人际关系、教育情况及态度；了解部分学生的家庭情况和成长经历；根据班级需要，需要重点了解的学生等。

**2. 了解学生的方式方法**

班主任与学生的接触是了解学生最有效的方式方法，通过阅读学生有关资料、与学生交流、通过学生言行等都有助于班主任了解学生，也可以运用各种科学研究的方法，如观察法、谈话法、调查法、自我介绍法、文本法、书面材料分析法、社会关系测量法等，根据实际情况需要选择了解学生方法。

### （二）了解班级

了解班级主要是了解班级基本情况、班级发展情况及班级集体建设发展情况，如了解班级总体学习氛围、能力、特色、成绩等，了解班级遵守学校制度、学校活动、学校评比等表现，了解班级群众组织状况和学生参与活动状况，了解班级同学参与学校各种社团组织活动情况等。而了解班级可通过观察法、谈话法、调查法、文本法、社会关系测量法等来了解学生。

### （三）认真制定班主任工作计划

实习生制定班主任工作计划要了解实习学校、班级、学生的情况以及原班主任工作计划和安排，结合自己特点，制定切实可行的班主任实习计划，主要包括班级基本情况分析、班级工作目标、实现目标的措施、常规工作、具体工作安排等。班级基本情况主要为年级、班级、人数、性别、学风、班风、学生干部等情况；班级工作目标主要确定学生全面发展的培养目标和措施，如德、智、体、美、劳，将全面发展目标与学生个性特长充分发展的目标相结合，将优等生、中等生的发展目标和后进生的提高目标相结合；常规工作体现出与实习目标相配合特点；具体工作安排注意细节。可让学生有机会参与制定和修改班主任工作计划。班主任工作计划内容不是一成不变的，根据实际需要可调整计划内容。

### （四）做好个别教育工作

集体教育和个别教育是相辅相成的。班主任集体教育的同时，要关注学生个别差异，因材施教，做好学生的个别教育。对待先进学生既要爱护培养又要严格要求，对他们全面分析，恰当评价，加强培养，热情引导；对待中等学生要密切关注，深入了解，主动接近，热情关心，挖掘优势，积极鼓励；对待后进学生要关心爱护，深入了解，对症下药，常抓反复，努力做好后进生的转化工作。另外，尊重全体学生，尊重智力发育迟缓的、被孤立和拒绝的、有过错的、有严重缺点和缺陷的、和教师意见不一致、不尊敬的学生。

### （五）处理班级日常工作事务

实习生协助班主任处理班级日常事务，如参加升旗、组织做操、晨检晨会、课前准备、课间休息、指导各种活动、思想行为教育、安排值日生等。又如辅助制定每月、每周、每天的学习计划，在疑难问题面前做到“日日清、周周清、月月清”。再如班委建立值日制度，每天记录值日情况，要求每个学生每日一记。

### （六）组织班会

班会是面向全班同学的班级会议。一般分为常规班会和主题班会。常规班会主要针对班级工作开展讨论、交流和总结，频率为一周一次或两次。对常规班会要根据班级工作计划和工作目标，选择班会内容，除了班级的学习、生活、宣讲学校要求外，还应设计一些与班级工作和学生发展的话题，做到有意义又有意思，同时充分发挥学生参与意识，让学生成为班会的主人。班主任讲话也要注意生动简明，要有艺术性，避免班会形式简单和内容局限。

对主题班会是对特定的主题开展，目标更加集中明确，学生参与更加全面。主题班会选择对学生意义较大或学生关注的话题，采取学生喜欢的形式，如讲演、朗诵、小品等，通知学生做好准备，实习班主任参与指导，能集中全班同学们的精华思想，使每个学生都得到锻炼，有所收获。每个实习生班主任都需认真准备一次主题班会。

### （七）处理突发事件

突发事件是指在教育教学的过程中突然发生难以预料的事件，具有突发性、紧迫性、冲击性和多样性的特点。面对突发事件，班主任应及时调查，了解事件发生原因，尽快弄清事情真相，做到沉着冷静。处理突发事件要准确把握分寸，公平地对待每个学生，做到“心要热，头要冷”。当然，处理突发事件后，班主任可以“借题发挥”，挖掘积极因素，使大多数学生总结教训，提高认识，从中受到教育。

### （八）做好家长沟通工作

班主任与家长的沟通、合作对学生教育具有至关重要的作用。班主任可以通过家访、家长会、书面文字交流、学生传递信息、请来家长谈话、现代化通信工具交流、班级家长委员会、家长学校等沟通形式加强交流沟通。

#### 案例1：班主任实习计划

**1. 班级基本情况**

高一（7）班是高一年级的普通班，中考入学成绩在全年级处于中等水平。全班共有学生56人，其中女生26人。班上男生较为活跃，大部分女生较为安静，有个别学生比较调皮，但个性善良，都是纯真纯朴的孩子。

学生学习水平参差不齐，大多学生勤奋好学，并且愿意互相学习，已经逐渐养成良好的学习习惯。部分学生有偏科现象，英语、数学较差。课堂气氛据部分科任老师反映比较沉闷，但班风良好。班干部的积极性不够高，工作不够积极主动，部分班干部没有以身作则，没有很好地协助班主任管理班级。

**2. 班主任实习计划细则**

鉴于我对上述情况的了解，我的班主任工作主要分三方面来进行：第一是德育工作，第二是学法指导，第三是班级整体建设。

（1）德育工作

用爱的教育、鼓励的教育方式来对待我的学生，针对学生出现的各种思想状况进行德育干预，实现改良学生品行的目的。具体的做法有下面的几点。

①做好自己，充分体现教师的表率作用。

②每天准时到达和离开教室，监督早读晚读情况及迟到情况；对工作应该保持积极热情，充满爱心；对学生的提问，做到细心，耐心，恒心。

③关注学生，帮助其树立正确的价值观，正确认识自我价值。

④善于发现问题，对于普遍现象，在班上指出改正，对于个别现象，要及时进行个性的思想辅导；多与学生交流，了解其心理特点与状况，与其谈心，用爱去鼓励他们，让他们发现学习的意义和自我的价值；分析学生的阶段性成绩变化或情绪变化，尽量帮助他们树立信心。

（2）学法指导

用严谨的治学态度来指导学生学习，认真教授学生学法。

①认真做好早、晚自习巡视任务，严格要求学生，规范学习态度与行为。

②抽查学生作业，及时发现问题，并解决问题。

③做好学习激励工作，提高并维持学生的学习积极性。

④认真观察学生学习过程，提供合理的学习建议。

（3）班级整体建设

以建立一个团结友爱、积极向上、纪律严明的班风为目标，引导学生意识到遵守纪律的重要性。

①加强日常班级纪律检查，做好违纪学生的思想工作。

②利用班会课，引导他们发现爱、懂得爱、学会爱。

③以鼓励为主，激发他们的热情和信心。

④与班干部做好沟通，给予他们工作的支持和帮助，充分发挥班干部在班级管理中的作用。

⑤与其他科任老师做好沟通，发挥科任老师的积极性

**3. 做好个别教育**

①了解和熟悉学生，一周内把所有学生的档案看完，并记住每个学生的特殊情况，特别留意后进生。

②记住每个学生的名字、座位表和班干部，并将姓名和本人对号入座。

③和班主任交流，了解学生情况；和学生聊天，从多方面了解学生情况。

④在日常学习中，有目标性地找个别学生聊天，包括尖子生、中等生和后进生，了解其学习和生活情况。

**4. 加强家校联系**

召开家长会、家访。接待家长校访，邀请家长参与学校和班级组织的活动，创设家校

互动的方式；把握好与家长的关系，注意说话的艺术。

**5. 预防和处理突发事件**

①建立健全安全保卫制度。

②对学生进行自护自救等安全知识的教育。

③确保教育教学和生活设施符合国家安全标准，对存在安全隐患的设施、设备，应当采取防护、警示、停止使用等措施。

④在选择与学生的学习和生活有关的产品与服务时，应当选择质量与安全性能符合有关标准和要求的。

⑤组织学生参加的劳动、实习、考察、社会实践和其他集体活动，应当与其生理、心理特点相适应，并采取必要的安全措施。

⑥发现学生擅自离校，获知学生身心异常及其他可能危及学生人身安全的相关信息时，应当及时告知其父母或其他监护人，并协助采取相应措施。

## 四、班主任实习评价

对于班主任实习的评价主要考察实习生师德素养、工作方法和实践效果，主要由实习指导老师、带队教师、实习小组成员等共同评定。

**表 4-1　班主任实习评定考核表**

| 评价内容 | 评价标准 | 额定分值 | 评定等级 | | | | | 应得分数 |
|---|---|---|---|---|---|---|---|---|
| | | | 优（1） | 良（0.85） | 中（0.75） | 及格（0.65） | 不及格（0.5） | |
| 师德素养 | 1. 以身作则，为人师表，工作责任心强，热爱学生，师生关系融洽，受到学生尊敬。<br>2. 积极主动地配合班主任工作，态度诚恳。<br>3. 文明礼貌，遵纪守法。 | 30 | | | | | | |
| 工作方法与能力 | 1. 较快地熟悉和掌握所在班的基本情况。<br>2. 根据实际制订出切实可行班主任工作计划。<br>3. 班主任工作有序，教学秩序稳定，工作有生机。<br>4. 独立开展工作，有较强的组织管理能力，基本掌握班主任工作的方法，熟悉工作常规。<br>5. 能有效组织丰富的主题班会、班级活动和兴趣小组活动。<br>6. 能迅速处理突发事件。 | 40 | | | | | | |

续表

| 评价内容 | 评价标准 | 额定分值 | 评定等级 | | | | | 应得分数 |
|---|---|---|---|---|---|---|---|---|
| | | | 优<br>(1) | 良<br>(0.85) | 中<br>(0.75) | 及格<br>(0.65) | 不及格<br>(0.5) | |
| 工作效果 | 1. 工作方法适合学生特点，满足学生需要。<br>2. 深入了解学生的个体差异，因材施教。<br>3. 与学生家长联系沟通，取得家长支持、配合。<br>4. 能对班主任工作进行反思，提出意见和建议。<br>5. 能对班主任工作进行调查研究。 | 30 | | | | | | |
| 合计 | | | | | | | | |

# 第三节 辅导员实习

## 一、辅导员实习概述

依据学校工作计划，少先队辅导员工作坚持以德育为核心，以教学为中心，以“课内渗透”为主题，以“课外延伸”为增长点。坚持热爱共产党，深入开展爱国主义、集体主义和社会主义教育；做到“爱校守法，明理诚信，友善团结，勤俭自强，敬业奉献”；帮助队员做到“以德育人，德智并举，探究发展，学会生存，学会做人”；加强培养队员树立正确的人生观、世界观、价值观，让每一个学生沐浴在爱和希望的阳光中，全面扎实推进素质教育。

辅导员实习主要包括理想信念教育、养成教育、学校常规教育、安全教育、少先队活动和少先队建设等内容的实习。

## 二、辅导员实习目标

### （一）围绕立德树人根本任务，用习近平新时代中国特色社会主义思想铸魂育人

习近平在 2024 年 9 月 9 日至 10 日的全国教育大会上指出和强调，建设教育强国是一项复杂的系统工程，需要我们紧紧围绕立德树人这个根本任务，着眼于培养德智体美劳全

面发展的社会主义建设者和接班人。坚持社会主义办学方向，要坚持不懈用习近平新时代中国特色社会主义思想铸魂育人，实施新时代立德树人工程；不断加强和改进新时代学校思想政治教育，教育引导青少年学生坚定马克思主义信仰、中国特色社会主义信念、中华民族伟大复兴信心，立报国强国大志向、做挺膺担当奋斗者。

中小学辅导员的思想教育目标是落实立德树人根本任务的重要组成部分，主要目标内容有：

**1. 坚定理想信念**

引导学生树立共产主义远大理想和中国特色社会主义共同理想，增强对马克思主义、共产主义的信仰，对中国特色社会主义的信念，对实现中华民族伟大复兴的信心。

**2. 厚植爱国情怀**

通过爱国主义教育，让学生深刻理解爱国主义的本质，将爱国情感转化为实际行动，培养学生的国家意识、民族自豪感和社会责任感，使学生自觉维护国家利益和民族尊严。

**3. 强化政治认同**

帮助学生理解中国共产党的领导是中国特色社会主义最本质的特征，是中国特色社会主义制度的最大优势，引导学生拥护党的领导，增强“四个意识”、坚定“四个自信”、做到“两个维护”，自觉在思想上政治上行动上同党中央保持高度一致。

**4. 道德品质培养**

培育社会主义核心价值观：将社会主义核心价值观融入学生的思想和行为中，引导学生在日常生活中践行富强、民主、文明、和谐，自由、平等、公正、法治，爱国、敬业、诚信、友善的价值准则，使其成为学生的行为准则和价值追求。

### （二）强化实践体验教育，为少先队的发展提供有力的保证

在新形势下加强少先队员思想品德教育和创新精神与实践能力的培养，必须坚持把体验教育作为少先队教育的基本途径，着重培养少先队员良好的行为习惯，从而提高他们的综合素质。

日常行为规范养成教育是少先队工作的基础工程，要坚持不懈地抓实抓好。养成教育要着重从生活自理、家务劳动、生活俭朴、吃苦磨炼和孝敬父母、尊敬老师、友爱同学等最基础的规范做起，贯穿于队员日常生活、学习、游玩、待人接物等各个方面。

## 三、辅导员实习内容

### （一）以体验教育为基本途径，切实加强少年儿童思想道德教育

**1. 深入开展理想信念教育**

把加强未成年人理想信念教育始终放在未成年人思想道德建设的首位。引导学生从小

养成高尚的思想品德和良好的道德情操，同时也以爱国主义和传统美德为主题，利用教师节、中秋节、国庆节、春节等传统节日的文化内涵、以创新未成年人道德实践活动为载体，使少先队活动与加强青少年思想道德教育紧密结合起来，促进他们身心健康成长。

**2. 加强少先队干部队伍建设**

（1）加强少先队阵地建设。建立好少先队组织网络，明确分工和职责。继续进行流动红旗的评比活动，促进学校常规管理工作的提高，努力使少先队工作制度化、规范化。

（2）加强班队建设。班队建设是学校精神文明的缩影，有利于增强班队集体的凝聚力，促进文明班风的形成。

（3）指导少先队员，利用兴趣小组的时间开展各类的活动，做到活动有时间、活动有内容。

（4）继续按德育常规的要求，切实加强少先队组织自身建设，促进少先队常规工作管理的规范化和制度化。抓好班队活动（班会）课，切实上好班队活动（班会）课，组织和开展生动活泼的班队活动。

（5）以“五爱教育”为基本内容，从认识自我做起，认识自我存在的价值、认识自强的意义、认识现在的自我。从对小事负责做起，培养队员愿意做小事，学会做小事，树立良好的队风与学风。

### （二）强化规范养成教育，促进学生良好习惯的形成

以帮助队员“学会做人、学会生存”为方向，以培养队员善良、文明、守纪、自律、自主、友爱、理想为目标，以日常行为规范养成为抓手，以校园文化建设为载体。

**1. 抓好养成教育，培养良好行为习惯**

组织学生学习新颁布的《中小学生守则》《小学生日常行为规范》，加强礼仪教育与训练，以创建优秀班集体和文明中队为载体，以培养良好行为习惯为重点，以学生文明礼仪教育为突破口，加强学生行为习惯的养成教育，着重培养学生良好的行为习惯。通过强化常规工作的检查、评比制度，调动学生积极性及自我管理意识，树立良好的学风和校风。

**2. 抓好学校常规教育，创建积极向上校风**

继续抓好各班的常规评比工作。加强日常行为习惯的检查监督，提高值日质量，严格执行监督检查进行分工落实，加大检查力度，每周一总结，及时反馈教育，以监督检查活动促进精神文明建设。在学校营造“学礼仪、讲文明、懂礼貌”的氛围，有效培养学生良好的行为习惯，打造和谐的校园环境。

**3. 安全教育**

深化拓展安全教育，进一步联合派出所、村联防队等有关部门，以活动为载体，开展

预防少年儿童意外伤害，保护少年儿童生命安全和保持身体健康的宣传教育活动。深入宣传，讲明道理，让学生学习自护知识、消防知识、交通知识，并在各班积极开展评比活动，在活动中培训安全知识和安全技能，增强安全防范意识，尽量减少事故的发生。

**4. 发挥少先队活动阵地的作用**

引导少先队在校园文化建设中发挥积极作用。以大队部为活动阵地，积极开展各类主题教育，搞好班级文化建设，建立班级荣誉角等栏目，引导学生做好班级的净化、绿化、美化，使班级成为学生学习生活的乐园，促进良好校园文化的形成。

## 课后练习

### 一、选择题

1. 以班主任为中心，班级管理都围绕班主任的中心意图运作的管理模式是（　　）

A. 树状模式　　B. 网状模式　　C. 交叉模式　　D. 辐射模式

2. 班主任实习的具体目标不包括以下哪项？（　　）

A. 能制订班主任工作计划和常规工作计划

B. 能运用合适的方法了解和研究学生

C. 实习需获得学校所有教师的一致好评

D. 认真做好家访

3. 班主任不直接参与对全班学生管理，扮演“导演”校色，通过对班委会的管理，使他们成为管理过程的“主角”。此班级管理模式为（　　）。

A. 树状模式　　B. 网状模式　　C. 交叉模式　　D. 轴辐模式

4. 班主任实习的前提（　　）。

A. 全面了解和研究学生　　B. 制订班主任工作计划

B. 处理班级日常工作事务　　D. 组织班会

5. 辅导员实习以（　　）为基本途径，加强少年儿童思想道德教育。

A. 劳动教育　　B. 科学教育　　C. 体验教育　　D. 文化教育

### 二、判断题

1. 常规管理一般是对班级传统、班级风气、班级文化及班级习惯等不成文约定俗成的管理。（　　）

2. 少先队辅导员工作坚持以教学为中心，以“课内渗透”为主题，以“课外延伸”为增长点，无须考虑学生德育。（　　）

3. 班级管理只需班级教学管理即可。（　　）

4. 教育实习的评定结果只由指导教师一人决定。（　　）

5. 常规班会主要针对班级工作开展进行讨论、交流和总结，一月一次。（　　）

## 三、思考题

1. 班主任管理有哪些内容？

2. 班主任实习具体目标有哪些？

3. 面对犯错误的学生，班主任应该采用哪种方式教育最有效果？

4. 班主任在实际工作中如何不断提高自己对班级管理的理论和实践水平？

# 第五章

# “追根溯源，探其究竟”——教育实习调查

## 学习目标

理解：理解教育实习调查的概述；理解教育实习调查的类型与方法；理解教育实习调查的一般程序与方法；理解教育实习调查报告的结构和格式要求。

掌握：掌握教育实习调查的方法；掌握教育实习调查的一般程序。

应用：运用教育实习调查的相关方法开展调查并撰写教育实习调查报告。

## 素质目标

教育实习调查的素质目标主要体现在以下几个方面。

1. 引导学生深入理解并践行社会主义核心价值观

在教育实习的过程中，学生需要深入学校、课堂，与师生进行密切交流，这为他们提供了践行社会主义核心价值观的机会。通过调查，学生可以更加清晰地认识到社会主义核心价值观在教育实践中的具体体现，从而增强对社会主义核心价值观的认同感和践行力。

2. 培养学生的社会责任感和实践能力

通过参与调查，学生需要关注教育实践中存在的问题和挑战，思考如何为解决这些问题贡献自己的力量。这有助于引导学生树立正确的社会责任观，增强他们的社会责任感和使命感。同时，调查过程也需要学生具备扎实的专业知识和良好的沟通能力，这有助于提升他们的实践能力和综合素质。

3. 培养学生的批判性思维和创新能力

在调查过程中，学生需要运用所学的知识和方法对教育现象进行深入分析，发现问题并提出解决方案。这需要学生具备独立思考、敢于质疑的精神，以及创新性的思维方式和解决问题的能力。通过这一过程，学生可以不断提升自己的批判性思维和创新能力，为未来的教育工作和学术研究打下坚实的基础。

4. 培养学生的团队合作精神和职业道德

在调查过程中，学生需要与团队成员密切合作，共同完成任务。这有助于培养学生的团队合作精神和协作能力。同时，通过参与教育实习调查，学生还可以深入了解教育行业的职业道德规范，增强他们的职业道德意识。

## ◎案例导入

**案例背景**

实习生小李是一名师范大学的学生，她在2020年参与了学校组织的教育实习项目。根据新闻的报道，这次实习是在学校教师教育学院改革重组的背景下进行的，旨在使师范生实习更加系统化和规范化。小李和她的同学们被安排到全国各地的中小学进行实习，其中包括14个专业的2146名公费师范生。

**实习目标与内容**

实习生们的目标是了解和适应教师角色，将理论知识与实际教学相结合。实习内容包括课堂教学、班主任工作及教育调查三项内容。小李在实习期间需要完成至少四个不同内容的教案，并在双方教师的指导下完成课堂教学任务。同时，她还需参与班主任工作，制定实习班主任工作计划，并积极开展工作。

**教育调查过程**

小李的教育调查主要集中在学生的学习心理状况上。她设计了一份问卷，内容涵盖了教育价值观、学习态度、学习需求和学习目的等方面。通过问卷调查和访谈，小李收集了大量数据，并对学生的学习心理进行了深入分析。

**调查结果与分析**

调查结果显示，学生的学习心理具有时代特征，包括教育价值观的多元化、务实化和功利化。学生们普遍认为学习的作用在于提高自身素质，但也有一部分学生认为学习是为了考大学或追求更高的经济收入。此外，小李发现学生们对某些课程存在明显的喜好和厌恶，这与教师的教学方法和课程的实用价值密切相关。

通过这次实习，小李认识到理论与实践之间的差距，并提出了一些改进建议。她建议学校应加强对中学实际情况的研究，包括教材内容的取舍、教学方法的选用等，以便更好地适应学生的需求和提高教学质量。

（资料来源：编者根据相关资料编写）

# 第一节 教育实习调查概述

## 一、教育实习调查的概念

教育实习调查是教育实习过程中的一个重要环节，它有助于实习者更好地了解教育实际，提升教育实践能力，并为未来的教育工作提供有益的参考。对于师范生来说，教育实习调查是其在实习期间必须完成的任务之一，也是师范生有效开展实习工作的保证。

教育实习调查主要是指师范生在实习期间，在教育理论的指导下，围绕一定的教育问题，通过问卷、访谈、观察等方式，收集关于实习学校的教育教学情况、师生关系、课程设置、教学方法等方面的数据和信息，了解学校教师、学生及家长等与教育密切相关的人员对某一教育现象的看法、态度及对某一教育问题所持的观点、立场。通过对这些数据的整理和分析，师范生可以深入了解教育一线的现状，发现教育教学中的优点和不足，从而有针对性地提出改进措施和建议的一种教育实践。

## 二、教育实习调查的意义

教育实习调查的意义在于为师范生提供深入了解教育实际、提升教育实践能力以及为未来教育工作积累经验的宝贵机会。具体来说，教育实习调查的意义主要体现在以下几个方面。

### （一）教育实习调查有助于师范生全面了解教育教学的实际情况

通过调查，师范生可以深入了解实习学校的教育教学理念、教学方法、课程设置、师生关系等方面的情况。这有助于师范生将所学的理论知识与实际情况相结合，加深对教育教学的认识和理解。

### （二）教育实习调查有助于师范生发现教育教学中的问题与不足

在调查过程中，师范生可以观察到实际教学中的各种问题，如教学方法的局限性、课程设置的不足、师生关系的紧张等。通过深入分析和思考，师范生可以提出有针对性的改进措施，为未来的教育教学工作提供有益的参考。

### （三）教育实习调查有助于师范生提升自己的教育实践能力

在调查过程中，师范生需要运用所学的理论知识，结合实际情况进行分析和研究。这不仅锻炼了师范生的思维能力，还提升了他们的教育实践能力，使他们能够更好地适应未来的教育工作。

### （四）教育实习调查为未来教育工作提供了丰富的经验和借鉴

通过调查，师范生可以了解到不同学校、不同教育环境下的教育教学情况，从而积累丰富的教育经验。这些经验可以为师范生未来的教育工作提供有益的参考，帮助他们更好地应对各种挑战。

综上所述，教育实习调查对于师范生了解教育实际、提升教育实践能力，以及为未来教育工作积累经验具有重要意义。因此，师范生应该充分重视教育实习调查工作，认真完成调查任务，为未来的教育工作打下坚实的基础。

# 第二节 教育实习调查的类型和方法

## 一、教育实习调查的类型

根据教育实习调查的基本类型，可以将教育调查分为以下几种。

### （一）按调查涉及对象的多少来分，可分为全面调查、抽样调查和个案调查

**1. 全面调查**

全面调查是对总体中的所有单位都进行调查。其特点是调查范围广、资料全面、准确，但人力、物力、财力和时间消耗较大。全面调查一般用于事关重大又必须全面掌握的专项调查。

**2. 抽样调查**

抽样调查是从总体中随机抽取一部分单位作为样本进行调查，并根据样本结果来推断总体情况。抽样调查具有节省人力、物力、财力和时间的优点，同时还可以提高调查的精确性和可靠性。因此，抽样调查是应用最广泛的一种调查方式。

**3. 个案调查**

个案调查是对某个特定的单位或个体进行深入、详尽的调查。个案调查通常用于对特定现象、事件或个体进行深入研究，以揭示其内在的特点、规律和原因。

### （二）按调查研究的目的来分，可分为现状调查、发展调查和预测性调查

**1. 现状调查**

现状调查的主要目的是描述社会现象或特定领域的现状、特点和分布情况。它侧重于收集和分析客观数据，以便对研究对象进行全面、准确的描述。现状调查通常用于摸清情

况、找准问题，为后续的决策或研究提供基础信息。

**2. 发展调查**

发展调查主要针对某一现象或领域在较长时间内的特征变化进行调查，旨在找出其前后的变化与差异。这种调查有助于了解研究对象的发展趋势和演变过程，为制定长期规划或政策提供依据。

**3. 预测性调查**

预测性调查的主要目的是预测社会现象或市场变量未来的发展趋势和可能出现的后果。它基于描述性调查和因果关系调查的结果，通过对历史数据和现实发展状况的分析，进一步深入调查，以估计未来一定时期内的影响因素及其对因变量的影响程度。预测性调查的难度较大，因为它需要综合考虑可控因素和不可控制的随机因素的影响。

### （三）按调查研究的性质来分，可分为描述性研究和解释性研究

**1. 描述性研究**

描述性研究的主要目的是系统地描述社会现象、群体特征或行为模式。它关注现象的外在表现和具体细节，通过对大量数据的收集和分析，形成对现象的整体认识。描述性研究通常不涉及因果关系的探究，而是着重于现象的呈现和描述。它可以提供关于研究对象的基础性信息，为后续的研究提供基础数据或背景信息。描述性研究的常见方法包括问卷调查、观察法、案例研究等，这些方法可以帮助研究者获取翔实的数据和事实，从而对现象进行准确的描述。

**2. 解释性研究**

解释性研究的目的在于深入探究社会现象背后的原因、机制或影响因素。它关注现象之间的因果关系，试图解释为什么某些现象会发生，以及它们是如何相互作用的。解释性研究通常建立在描述性研究的基础上，通过对已有数据的深入分析和理论构建，提出关于现象成因的假设，并通过实证方法进行验证。解释性研究的常见方法包括实验研究、因果分析、模型构建等，这些方法可以帮助研究者揭示现象之间的内在联系和规律，从而增进对现象本质的理解。

## 二、教育实习调查的方法

按照资料获得的途径来分，师范生在进行教育实习调查时最常用的是问卷调查法、访谈法和观察法。

### （一）问卷调查法

**1. 问卷调查法的概念**

问卷调查法是调查者运用统一设计的问卷向被选取的调查对象了解情况或征询意见，

间接收集反映研究对象的资料，了解研究对象内心深处观念。这种调查法一般采用提问的方式，适用于小学高年级的学生和中学生或其他教育行业相关人员。

**2. 问卷调查法问卷的种类**

按照问卷填答者的不同，问卷调查可分为自填式问卷调查和代填式问卷调查。自填式问卷调查，按照问卷传递方式的不同，可分为报刊问卷调查、邮政问卷调查和送发问卷调查；代填式问卷调查，按照与被调查者交谈方式的不同，可分为访问问卷调查和电话问卷调查。

### （二）访谈法

访谈法就是研究性交谈，是以口头形式，根据被询问者的答复搜集客观的、不带偏见的事实材料，来准确地说明样本要代表的总体的一种方式。

**访谈的类型主要分为以下几种：**

（1）根据研究者与被研究者接触的方式，可分为面谈和电话访谈；
（2）根据访谈的人数，可分为个别访谈和集体访谈；
（3）根据访谈内容是否标准化，可分为结构式访谈和非结构式访谈；
（4）根据访谈次数的多少，可以分为一次性访谈和重复性访谈。

### （三）观察法

观察法是指按照一定的目的和计划，在自然状态下，用自己的感官和辅助工具对研究对象进行系统地观察研究的一种方法。

观察法的构成要素主要有：

（1）观察者，即研究者本人或受训的观察人员；
（2）观察手段，如肉眼观察、耳听手记；
（3）观察设备，录音笔、摄像机、单向观察室等；
（4）对观察对象即教育活动中的人和教育活动的行为状态进行一段时间的观察。

# 第三节 教育实习调查的一般程序和方法

## 一、教育实习调查的一般程序

### （一）做好调查前的准备

**1. 确定调查目的**

首先，要目标明确，能清楚地将调查目的用语言表达出来；其次，要将调查目标具体化为可以实施调查活动的项目。调查的课题可以有大有小，但无论大小都必须遵循三个原则：目的性原则、价值性原则、量力性原则。

**2. 选取调查对象**

调查对象就是调查的单位或个人。选取调查对象时，要重点考虑课题的特点、课题研究的目的、研究对象的总体情况等因素，对不同的调查课题和研究目的，要用不同的方法去选取调查对象。

**3. 草拟调查提纲**

调查提纲是搜集资料的依据。调查提纲实际上是调查报告的梗概，其内容必须符合调查课题的需要。草拟调查提纲以后，还要根据调查提纲的要求，设计必要的调查表、问卷、测验题目等。

**4. 制定调查计划**

调查计划是调查工作的程序安排。拟订调查计划应主要考虑以下几个问题：一是确定所采用的调查方法（问卷、访谈、观察），二是确定调查项目（具体了解哪方面情况），三是确定调查进程（相关工作的时间安排）。调查计划通常包括如下内容：调查课题和目的、调查对象和范围、调查地点和时间、调查的方式和方法、调查步骤和日程安排、调查的组织领导和人员分工、调查报告完成日期。

### （二）实施调查，搜集资料

实施调查是教育调查的关键环节。这主要包括三方面内容：一是根据研究课题的要求，选择和分配合适的调查人员。二是确定调查组负责人及成员分工，制定相应的工作制度等。三是做好外部组织协调工作，如争取被调查学校领导及教师的支持、合作等。

### （三）整理和分析资料

收集资料要力求全面、系统，注意资料的典型性、客观性和真实性。整理资料的方法可根据资料的性质而定，对叙述性资料，要用明白流畅的文字加以整理；对于数据性材料，则要用统计法、列表法和图示法等加以整理。

### （四）得出结论，撰写报告

调查材料整理后，依据相关理论或政策要求等，结合对所调查的事实，进行详细认真、深刻系统的分析研究，探寻其优点和缺点，以及原因所在，解释清楚，下一结论，然后提出改进的意见或措施。

## 二、调查问卷的结构与设计

问卷调查是调查的基本方法，也是使用最广泛的一种调查方法。问卷调查使用的基本工具就是书面的调查问卷。

## （一）调查问卷的结构

调查问卷在结构上一般包括标题、前言、被调查者的基本信息、主体、结语五个部分。

调查问卷的标题一般包括调查对象、调查内容等，如“××小学生课外阅读现状调查”。

前言是写在问卷开头的一段话，是调查者向被调查者说明调查目的与要求的一封简单的信函，内容一般包括调查目的与意义、关于匿名的保证、对被调查者回答问题的要求、调查者个人身份或组织名称。

被调查者的基本信息是为调查后对资料的分类统计和分析服务的，一般包括被调查者的年龄、性别、民族等分类研究必需的相关信息。如非特殊需要，不应要求被调查者提供姓名信息，以免其产生顾虑，难以表达真实想法。

问卷主体是调查者想要了解的项目问题列表，包括从研究课题与理论假设中引申出来的问题、回答方式及对回答的指导语等。指导语一般有四种类型：一是关于答案标记的说明，一般要求回答者在选项前括号内填写序号或做标记；二是关于选择答案数目的说明，这种指导语一般写在问题的后面，如“选择一项”“有几项选几项”等；三是关于填写开放性答案的说明；例如，若选择“其他”选项，请在后面的“______”中作简要说明；四是关于答案适用调查对象的说明，问卷中的有些问题可能只适用于某一类调查对象，对此应说明是否应由特定调查对象填写。

结语一般采用三种表达方式：一是用一般短语对被调查者的合作再次表示感谢，以及关于不要漏填与进行复核的请求，目的在于显示调查者首尾一贯的礼貌，督促调查对象消除无回答问题、出差错等现象；二是提出1～2个关于对本次调查形式与内容的感受等方面的问题，征询被调查者的意见；三是提出本次调查的一个重要问题，以开放的形式在问卷结尾处征求意见或建议。

## （二）调查问卷的设计

设计调查问卷关键是要注意问题的合理性、科学性和艺术性。

调查问卷所提问题具有合理性的标准有三个：一是全部问题都应围绕特定研究课题及其理论假设设置，对可有可无的问题不应将其列入问卷中；二是尽量做到所列问题对于全部被调查者普遍适用，对于只适用于部分被调查者的问题，编入问卷时必须进行合理化处理；三是提问的形式适合被调查者，问题应简洁明了，容量不宜过大，不能让被调查者有复杂和麻烦的感觉。

问题的科学性也有三个标准：一是单一，即一个问题中只包括一个调查指标，只询问一件事情；二是中性，即问题不带倾向性；三是明确，即提出的问题必须具备明确的含义。

问卷提问的艺术性，就是善于使用容易被人接受的措辞与表达方式，消除易于引人反感、厌倦的词汇和句子，激发被调查者回答问题的兴趣与热情。在调查问卷中有艺术性地提出问题应注意以下几点：一是委婉，即使用委婉的词语进行提问；二是间接，即提出问题后，先提供其他人的回答，然后请被调查者对其他人的回答做出评价；三是虚拟，即先假设一种情境，然后要求被调查者在这一情境下回答问题；四是援助，即在表明调查者可以提供帮助的情况下要求被调查者回答相关问题。

## 三、访谈法的具体步骤及技巧

### （一）访谈法的一般步骤

首先，设计访谈提纲；

其次，恰当进行提问；

再次，准确捕捉信息，及时收集有关资料；

又次，适当地作出回应；

最后，及时做好访谈记录，一般还要录音或录像。

### （二）访谈的技巧

一是事先应对访谈对象要有了解；

二是一般要尽可能自然地结合受访者当时的具体情形开始访谈；

三是访谈的问题应该是由浅入深、由简入繁，而且要自然过渡；

四是在有充分的准备的前提下，为避免谈话跑题，有时需要适当的调节和控制；

五是无论是提问还是追问，问的方式和内容，都要适合受访者；

六是在回应中要避免随意评论；

七是要特别地注意在访谈中自己的非言语行为；

八是要讲究访谈的结束方式。

## 四、观察法的操作及注意事项

### （一）观察法操作

#### 1. 观察法的准备工作

一要明确观察目的；

二要制订观察计划，特别要明确观察对象与目标；

三要设计观察记录表；

四要选择观察地点；

五要准备观察仪器。

进入观察现场：进入现场应取得有关人员的同意，或出示证件说明，或通过熟人介绍。一旦进入现场，观察者要尽快取得被观察者信任。

**2. 进行观察和记录**

（1）观察：采用直接观察法进行观察、采用痕迹观察法进行观察、采用行为记录法进行观察。

（2）记录：观察卡片、符号、速记、记忆、机械记录。

### （二）观察法的注意事项

第一，为了使观察结果具有代表性，能反映某类事物的一般情况，应设计好抽样方案，以使观察的对象和时段具有较好的代表性。

第二，在进行实际观察时，最好不让被观察者有所察觉，否则，就无法了解被观察者的自然反应、行为和感受。

第三，在实际观察时，必须实事求是、客观公正，不得带有主观偏见，更不能歪曲事实真相。

第四，调查人员的记录用纸和观察项目最好有一定的格式，便于尽可能详细地记录调查内容的有关事项。

第五，为了观察客观事物的发展变化过程，进行动态对比研究就需要做长期反复的观察。

## 附件 1

# ×××市×××中学学生心理调查问卷

各位同学：你们好！下面这份问卷是为了对大家的学习生活中有关心理方面情况做个了解。请你仔细阅读每一个题目，按照自己的想法填写，每一个题目没有对错之分，可多选。这可不是考试哦，请放心作答。

班级________ 年级________ 性别________

1. 你现在的学习压力（ ）。

A. 过大 B. 过小 C. 还可以

2. 对于目前的学习任务，你已经感到力不从心。（ ）

A. 是 B. 有时觉得 C. 从没有

3. 你认为目前你的压力来自（ ）。

A. 老师的期望 B. 家庭的期望 C. 自己的期望

4. 如果别人不督促你，你是否主动学习。（ ）

A. 会 B. 极少 C. 不会

5. 一次考试失利，对你会有怎样的影响。（ ）

A. 情绪波动很大 B. 和以前一样

C. 更加努力 D. 认为自己很无能

6. 你经常想自己不用花太多时间成绩也会超过别人。（ ）

A. 经常 B. 偶尔 C. 从不

7. 你能独立完成老师布置的作业吗？（ ）

A. 完全可以 B. 只能完成某几门 C. 只能选择性地完成每门部分作业

8. 别人批评你时，你会。（ ）

A. 接受批评 B. 为自己辩解 C. 不知所措

9. 总是感到别人没有充分认识自己，没有给自己足够的评价。（ ）

A. 是 B. 没想过 C. 从没有

10. 你认为怎样学习效果会好点？（ ）

A. 共同学习 B. 孤军奋战 C. 没想过

11. 你愿意按时完成老师布置的作业 。（ ）

A. 无 B. 偶尔 C. 经常 D. 总是

12. 你在学习上的时间分配是怎样的？（ ）

A. 对喜欢的科目狠下功夫

B. 平均分配

C. 对不喜欢的科目放任自流

13. 为了实现一个大目标，你会给自己制定循序渐进的小目标。(　　)

A. 会　　B. 有时会　　C. 不会

14. 你最佩服的人物是（　　）。

A. 伟人　　B. 明星

C. 父母　　D. 班上成绩冒尖的同学

15. 当大家注视你时，你会（　　）。

A. 不好意思　　B. 无所谓　　C. 自豪

16. 对着镜子时，你注意的是自己的（　　）。

A. 优点　　B. 缺点　　C. 没想过

17. 你的好友获奖了，你会感觉（　　）。

A. 和他一样高兴　　B. 不舒服　　C. 与自己无关

18. 你对师生关系的满意程度是（　　）。

A. 很满意　　B. 一般　　C. 不满意

19. 你对同伴关系的满意程度是（　　）。

A. 很满意　　B. 一般　　C. 不满意

20. 你对父母亲近感的程度是（　　）。

A. 很亲近　　B. 一般　　C. 不亲近

21. 你最喜欢的课外活动是（　　）。

A. 体育活动　　B. 上网打游戏

C. 读书看报　　D. 和朋友聊天、游玩

22. 你和父母的交流沟通情况是（　　）。

A. 有心事就和父母说　　B. 除非父母问你才说

C. 不和父母说任何事　　D. 什么事都和父母说

23. 你认为影响你情绪的最大因素是（　　）。

A. 人际关系　　B. 学习成绩　　C. 家庭困扰　　D. 学校管理制度

24. 上课时，你能否集中注意力学习？(　　)

A. 能　　B. 有时能　　C. 不能

25. 你讨厌上学 。(　　)

A. 无　　B. 偶尔　　C. 经常　　D. 总是

26. 你讨厌考试。(　　)

A. 无　　B. 偶尔　　C. 经常　　D. 总是

27. 你感觉同学考试成绩比你高，但能力并不比你强。(　　)

A. 无　　B. 偶尔　　C. 经常　　D. 总是

28. 同学考试成绩比你高，你感到难过 。(　　)
A. 无　B. 偶尔　C. 经常　D. 总是
29. 你在遇到挫折的时候，是否依赖朋友。(　　)
A. 不是，独自面对　B. 会听朋友意见，但以自己为主
C. 偶尔会　D. 完全是
30. 你是否受过很大挫折，你能否面对？(　　)
A. 受过，在心理上留下了阴影　B. 受过，能承受，没问题
C. 没受过，但应该能承受　D. 没受过，不知道自己能否承受
31. 对于有些学生自杀的行为，你认为（　　）。
A. 是一种解脱　B. 太可怜了，活下去比什么都重要
C. 不孝，父母白养了这么多年　D. 这种人早死好，以免危害社会
32. 当发现自己存在心理问题时，你会（　　）。
A. 找心理咨询师咨询　B. 向同学倾诉
C. 向父母说　D. 向老师咨询
E. 自己解决
33. 假如你遇到不顺心的事，你通常会向谁倾诉？(　　)
A. 家长　B. 老师
C. 朋友　D. 其他，如找网友，心理医生，等
34. 如果你愿意去咨询，你希望用什么方式？(　　)
A. 面对面交谈　B. 电话
C. 书信　D. 网络
E. 随便
34. 开放性题目：你目前最需要解决的问题是什么？

附件 2

# ××市××小学低年级语文学习习惯的调查报告

## 一、问题的提出及调查目的

“学习习惯”是指学生在学习过程中对好的学习方法或策略，通过不断的重复与练习，从而形成并发展为个体一种需要的自动化学习行为的倾向。而良好的语文学习习惯又会对学习语文产生极大的促进作用。对于小学生来说，由于其语文行为习惯存在很大的可塑性，养成好的语文学习习惯特别是课堂学习习惯非常重要。但在现实的课堂教学中，一些语文教师还是习惯于“满堂灌”，不重视对学生的课堂学习习惯的培养；也有部分老师缺乏培养学生良好的课堂学习习惯的经验，不知如何培养学生的语文学习习惯等。带着这些问题，我决定在实习期间做一个“小学生语文学习习惯培养的途径与方法”的课题，对我所实习的学校部分班级进行了问卷调查，以期了解小学生语文课堂学习习惯的现状。

## 二、调查对象及方法的确定

调查对象：××市××小学，其中一年级 2 班 20 名学生，二年级 1 班 15 名学生。

调查方法：本次调查主要采用个别访谈法。

调查内容：本次调查内容主要是了解学生在语文课堂内的行为习惯及表现和课后的学习情况。

## 三、调查结果及分析

本次调查随机抽了 2 个班的 35 名学生进行交谈，按照事先拟定的提纲和他们进行了谈话，以此来了解学生的情况。

### （一）谈话的提纲如下

你认为好的学习习惯是有哪些习惯？

你认为自己是一个有好学习习惯的孩子吗？为什么？

你喜欢语文吗？为什么？

你想怎样和语文成为好朋友呢？

你平时爱看课外书吗？看哪些方面的书？

你最喜欢怎样的语文老师呢？

你对现在语文课堂教学有什么建议？

当你有自己独特的想法时，你是用什么方式把它表达出来？

### （二）谈话主要是想了解以下几个问题

第一，了解小学生是否具有这样的意识：良好的学习习惯对自己的学习和发展有着重要的作用。

第二，了解学生已具有哪些好的学习习惯，有哪些不良的习惯。

第三，学生对语文学习的兴趣与他自觉地形成某种良好学习习惯存在着何种程度的关联。

第四，教师的态度、教育观和教学方式对学生良好学习习惯的养成有怎样的影响。

第五，家庭环境对学生良好学习习惯的养成有怎样的影响。

## 附件 3

# ×××市×××幼儿园个案观察记录表

表 5-1　××× 市 ××× 幼儿园个案观察记录表

| 班级 | 大一班 | 姓名 | 李×× | 时间 | 2018. 11. 28 |
|---|---|---|---|---|---|
| 观察情况 | 李××是大班的一个小女孩，也是我本学期的主要观察对象。她长得乖巧可爱，比较安静内向，平常话语不多，不经常主动举手或参与同伴们的游戏或交流。这也是她吸引我注意的原因。<br>今天的晨间活动是做游戏，李××一直一个人在一旁站着。当有其他小朋友靠近时，她会退缩到一边，不愿意一起游戏。过了一会儿，其他小朋友开始相互交流，大家你叫我，我叫你，但是没有人和李××一起做游戏，李××也没有想要参加的意思，离其他小朋友远远的。 | | | | |
| 观察分析 | ①同伴是指与儿童相处的，且具有相同或相近社会认知能力的人。同伴关系是指年龄相同或相近的儿童之间的一种共同活动并相互协调的关系，或者主要指同龄儿童或心理发展水平相当的个体之间在交往过程中建立和发展起来的一种人际关系。同伴接纳性是指儿童在同伴群体中被喜欢和接受的程度，包含受欢迎程度和社交地位两种属性。②李××性格内向、慢性、好静、不爱说话，瘦瘦小小的她在应该是属于被忽视型儿童一类。这类儿童在集体活动中，一般不主动参与，其他小朋友也不会来叫她一起玩，在交往中往往缺乏积极主动性且不善交往，孤独感比较重。 | | | | |
| 措施与结果 | ①对忽视型儿童采用行为训练法，也可采用认知和情感训练方法。使被忽视的幼儿的交往行为特征和社交地位都发生了显著的变化。对 5 岁小朋友进行 2 周的训练，结果有效地促进了他们对友谊特性的认知发展，互相帮助和冲突解决的行为都有了明显的进步。②多多鼓励李××小朋友参加集体活动，培养小朋友团队合作的精神，互帮互助。③通过故事等形式加深小朋友对友谊的认识，学会关心自己集体中的每一个伙伴。 | | | | |

# 第四节 教育实习调查报告的结构和格式要求

## 一、调查报告的结构

一般来说，调查报告的内容大体有：封面、标题、导语、概况介绍、资料统计、理性分析、总结和结论或对策、建议，以及所附的材料等。由此形成的调查报告结构，就包括标题、导语、正文、结尾和落款。

### （一）封面

按照学院规定的统一封面样式进行打印。

### （二）标题

调查报告的标题有单标题和双标题两类。所谓单标题，就是一个标题。其中又有公文式标题和文章式标题两种。公文标题为“事由+文种”构成，如《×××中学语文教学情况的调查评述》；文章式标题，如《×××市的校办企业》；又如标明作者通过调查所得到的观点的标题，如《调整教育政策，增加教育投入》。所谓双标题，就是两个标题，即一个正题、一个副题，如《为了造福子孙后代——×××县封山育林调查报告》。

### （三）导语

它是调查报告的前言，简洁明了地介绍有关调查的情况，或提出全文的引子，为正文写作做好铺垫。常见的导语有三种：一是简介式导语，对调查的课题、对象、时间、地点、方式、经过等作简明的介绍；二是概括式导语，对调查报告的内容（包括课题、对象、调查内容、调查结果和分析的结论等）作概括的说明；三是交代式导语，即对课题的由来作简明的介绍和说明。

### （四）正文

调查报告的主体。它对调查得来的事实和有关材料进行叙述，对所做出的分析、综合进行讨论，对调查研究的结果和结论进行说明。正文的结构有如下不同的框架。

根据逻辑关系安排材料的框架有：纵式结构、横式结构、纵横式结构。这三种结构，以纵横式结构常为人们采用。

按照内容表达的层次组成的框架有：“情况—成果—问题—建议”式结构，多用于反映基本情况的调查报告；“成果—具体做法—经验”式结构，多用于介绍经验的调查报告；“问题—原因—意见或建议”式结构，多用于揭露问题的调查报告；“事件过程—事件性质结论—处理意见”式结构，多用于揭示案件是非的调查报告。

### （五）结尾

内容大多是调查者对问题的看法和建议，这是分析、解决问题的必然结果。调查报告的结尾方式主要有补充式、深化式、建议式、激发式等。

### （六）落款

调查报告的落款要写明调查者单位名称和个人姓名及完稿时间。如果标题下面已注明调查者，则落款时可省略。

## 二、调查报告的格式要求

1. 字数 3000 字以上。
2. 用 A4 纸打印。
3. 首行缩进 2 字符，行距固定值 20 磅。
4. 字号设置为：

（1）标题宋体二号加粗。

（2）正文一级标题：宋体四号加粗。

（3）正文二级标题：宋体小四号加粗。

（4）其余汉字均为宋体小四号。

附件 4

# ××× 市 ××× 中学中学生心理健康教育调查评述

调查时间：2018 年 12 月 23 日——2018 年 12 月 25 日

调查地点：×××市×××中学

调查对象：高一（二）班学生

调查人：×××

摘要：

随着素质教育的观念不断深入，素质教育在我国中小学得到迅速发展。但是，长期以来，关心中学生成长的热点还是大多集中在孩子的饮食、身体、学业成绩及升学就业等问题上，往往忽略了与每个中学生发展息息相关的心理健康教育问题。面对当前中学生心理问题日益增多，中学生心理健康教育成为所有教育者必须重视的一个课题。必须加大社会对青少年健康的心理宣传和教育，这样我们才能培养和造就 21 世纪人格健全的创新人才，促进社会的进步。

关键词：中学生、心理健康、学校教育

## 一、调查概况

我于 2018 年 11 月 19 日—2019 年 1 月 11 日，在×××市×××中学开始为期两个月的实习，在此期间我对该学校高一（二）班部分学生的心理健康状况进行了问卷调查。通过调查研究，我对中学生的心理有了初步的了解，也对学校心理健康教育的现状有一定程度的了解。此次调查研究让我对当前中学生的心理动向有了更真实、具体的了解，为我将来从事教师职业的提高教育教学的实效性提供了客观依据。

## 二、调查的具体目标和方法

### （一）具体目标

1. 高中学生的心理健康现状
2. 当前中学生的心理健康教育状况
3. 当前中学生的不健康心理成因及对策

### （二）调查方法

学生问卷（附件 1），问卷调查在高一（二）班进行，共发问卷 40 份，回收有效问卷 40 份。

## 三、调查结果

对学生问卷调查分析，中学生的心理健康状况具有明显的时代特征。问卷中在学习方面有问题的占总人数的 70.65%，在人际关系方面的占 8.23%，情绪方面有问题的占 10.58%，早恋问题占 2.83%，其他方面占 7.56%。

### （一）中学学生存在的主要心理问题

学习带来的心理压力大，抗压能力弱。在高手如林的高中，学习竞争十分激烈。每一次考试时，许多学生心情十分紧张，总担心考试会失败，失掉“尖子”地位，从而受到老师和父母的责备、同学的冷眼，产生高度焦虑，而一旦真的考试失败，就立即灰心丧气，情绪十分低落，这种现象在高三学生中更为突出。在调查中，不少学生诉说“想到压力来自四面八方，既难以接受又不能摆脱”“一旦成绩不好，不能升入大学，哪有脸见人”“我自认为我学习是努力的，但期中考试又是班上的尾巴，这样下去还有什么意思”“有时真想一死了之”，使挫折感“油然而生”，表现为焦虑、失意、注意力不集中、对老师和同学的言行敏感、失眠、神经衰弱等症状。此外，中学生存在的心理问题还有如下几点。

人际关系不协调。许多初中生学习成绩好，常受到老师和家长赞扬，且自我中心意识强、人际交往能力弱，不善于处理与同学、老师的关系，人际关系不协调。

自信心不足。由于家长、老师（主要是班主任）对学生的期望值过高，表现出对学生（特别是优生）的缺点看到得多，优点看到得少，使学生对自己的能力产生怀疑，常因一次考试失败失去自信心。

早恋问题的困扰。高中生自身的生理发育日趋成熟，对异性的渴望不断加强，导致早恋问题。由于走进了恋爱的误区，心理冲突加剧，产生种种病态心理反应。

### （二）学生不健康心理的成因分析

青年学生对新生事物特别敏感，好奇心强，喜欢追求与众不同，探索新奇的问题，并以标新立异为自豪，不愿意恪守“老一套”，不愿意听“老生常谈”，看问题往往容易片面和偏激。教育者在教育的过程中，常以“授业”“解惑”为主，以一种固定模式去教育，对那些“不遵章守法”实际上是欲脱离教师设计的模式而另避思路的学生则被视为“差生”。教师不尊重学生，甚至挖苦讽刺或惩罚，使学生丧失自尊心和自信心，导致使学生心理发展出现障碍。学生中有胆大的，逆反心理支配他们，无论教育者用心如何，学生均以抗衡的心理对待；胆小的虽不言语或直接反抗，但消极反抗现象也是普遍存在的。

学生希望有知心朋友，能互相倾诉、相互理解、相互安慰。如果不重视师生之间、学生之间的情感交流，则会使学生觉得非常寂寞，逐渐产生孤僻心理。教育者往往不能正确理解和认识学生的这种需要，在实际教育中往往出现顺从教育者为“优”，反之则认为“差”的现象。那种只根据自己的经验而不能适应社会多样化的老师，是不可能理解在多样化社会中的学生的心理的。这是学生产生心理障碍的重要原因之一。

### （三）家长对学生心理健康教育普遍是盲点

家庭是学生社会化的重要场所，是家长把品质、行为传给下一代的地方。家长的品质、行为是影响学生在学校乃至社会能否成功的重要因素。现在许多家庭缺乏文化氛围，有的家长工作之余忙于喝酒、打牌，放松了对孩子的教育，导致孩子放任自流，走向堕落；有的家长品行不端，行为放纵，对孩子起了一定的负面影响；更有许多家庭对独生子女采取娇宠态度，使孩子娇生惯养，遇到挫折便不知所措或心理失衡，出现偏激行为。即使对孩子严格要求的家长也有不少总想把自己的期待强加给子女，而对于子女在情感、需要、意志、性格等心理素质方面的培养不够重视。

## 四、调查分析

中学教师尤其是班主任，应该在自己的教育教学中对中学生开展适度的心理健康教育工作。

### （一）教师自身要拥有健康的心理，并掌握一定的心理健康知识

“教师是人类灵魂的工程师。”教师的思想、言行、举止都会给学生带来很大的影响，因此，教师不但要拥有较高的业务知识，还应拥有良好的心理素质。同时，教师还要掌握一定的心理健康知识，在教育教学中时刻以“学生心理健康辅导员”的身份深入学生的心灵进行教育。当学生需要关心、帮助时，教师只有无私地对学生倾洒爱的甘露，才能更好地塑造、净化学生的心灵。学生只有在教师真心、真情、真爱的陶冶下，才能拥有健康的心理，才会更积极地投入到学习生活之中。

### （二）关注学生心理，营造一个良好课堂心理环境

作为教师，不但要重视学生的学业发展，还必须关注学生的身心健康。其实，中学生有他们自己的特殊心理，他们的心理要比成人敏感、脆弱。工作中，一些老师遇到“问题学生”时，首先想到的是家庭原因，把问题移交给家长，而不是与学生进行直接交流，这样往往会挫伤学生的自尊心，使他们失去自信，变得沉默、孤僻，从而直接导致学生心理出现问题。良好的课堂心理环境不但是高质量教学的有力保证，还是培养学生健康心理的保障。心理学研究表明：和谐、愉悦的氛围有助于学生积极参与课堂活动。教学中，教师要扮演好一名引导者、组织者、协作者的角色，创造最佳的心理氛围，使学生情感得到关注，思想得到认同，心灵得到沟通，情绪得到调节，行为得到规范，让学生充分地展示自我，从而使学生能在愉悦的氛围中学得懂、学得好。这样不仅增强了学生的学习兴趣、信心和勇气，而且培养了学生相互协作、共同探究和积极向上的精神。只有学生主动走近老师，和老师成为朋友，才能拥有健康的心理。

## （三）满足学生合理需要，帮助学生树立正确的人生观

满足学生合理需要，是中学生形成和保持健康心理的基本条件。中学生的合理需要主要包括生存和发展所必需的物质需要、安全需要、交往和爱的需要、尊重和信任的需要等，中学生合理的需要如果得不到适当的满足，就会影响其正常的成长，就不可能有健康的心理。因此，在中学生心理健康教育的过程中，教师应当充分发挥教育的功能，尽可能地为中学生创造条件、提供机遇，满足其需要，在中学生满足需要的同时，还要有针对性地采用不同的方法积极引导，使之基本能对事物的善恶、美丑、是非进行判断、甄别。中学生由于缺乏判断力和自制力，很容易在满足需要的冲动驱使下，受到不健康或不正当诱因的影响，采取不恰当的方法和途径求得满足，从而产生错误行为，这就要求我们从事中学生心理健康教育的辅导员和班主任都能根据相关知识，善于识别、及时发现，及时有效地给予调节、治疗和引导，让学生们拥有一个健康的心理。

## （四）参与学生心理教育，教师要做言行的楷模

开展心理健康教育，需要全体教师的重视和参与。教师不仅是学生知识的传授者，更是学生学习的楷模，他们的一言一行对学生都有较大影响。我认为为了学生的心理健康，教师还要做到以下几方面。

**1. 教师要尊重学生**

“该生是否尊重师长？”是班主任评定一个学生品行的首要条件。而作为班主任是否问过自己“我尊重学生了吗？”尊重学生包括尊重学生的人格、尊重学生的劳动、尊重学生的成绩、尊重学生的隐私。

**2. 教师不可有私心**

这“私心”指的是班主任对待学生要公平、公正，不能感情用事。成绩好的学生都受老师的青睐，但是教师不能因为某学生成绩好而偏心或偏爱他，甚至作出不公平的决定。

**3. 教师要讲诚信**

“诚信”也是教师要做到的。有些教师在向家长汇报学生情况时，会无意地把情况夸大或缩小，这些看上去不大的事儿都会让学生觉得，教师都可撒谎，我们怎么不可以呢？

对学生进行心理健康教育，使他们拥有健康的心理对教师来讲尤为重要。老师不仅要完成“传道、授业、解惑”的任务，还应成为一个合格的心理辅导员，承担起开展心理健康教育的新任务。

附件 5

# 教育调查与研究参考选题

## 一、中学生调查研究

中学生心理健康的调查与研究
中学生学业任务承受能力调查
中学生学习态度调查
中学生的逆反心理及对应措施
中学生劳动技能培养
中学生早恋及社会原因分析
中学生良好品德的培养研究
中学生学习动机分析
中学生学习负担的调查及减轻负担的对策
中学生分化的“危险期”研究
中学生思想品德教育的内容、方法及实效性研究
中学生参加第二课堂活动的兴趣与研究
中学生学习方法的调查与研究
中学生网络成瘾的原因及对策
学科教学中学生的探究学习研究
网络对学校教育的挑战
当代中学生的品德状况的研究
中学生心理特征的调查研究
促进“后进生”转化诸因素分析
“后进生”转化过程中的教师工作研究
学习困难学生的成因及对策研究
品行不良学生的转化研究
学生流失情况及防止流失的建议
流动人员子女的教育问题研究
中学第二课堂的研究
课外科技活动与中学生成长
体育教学与以“达标”为中心的课外体育活动
学生文化素养的调查及提高途径

## 二、中学教师研究

优秀教师的教育教学实践调查

学校教师激励方式探讨
实习学校教师队伍的个案分析
教师的心理挫折问题研究
中学青年教师工作压力成因及对策分析
中学教师接受继续教育的必要性
中学教师的生活现状调查研究
构建教师学习型组织的理论思考
当前教师倦怠现状、成因及对策
青年教师的思想、工作状况及需求研究
网络教学中的教师角色转变与适应研究
西部农村教师队伍的建设特点与难点
贫困地区的基础教育现状及其对策调查
贫困地区教师继续教育（特殊教育）情况调查与分析

## 三、新课程研究

新课程下家长的教育影响力
新课程下的教学设计理念与策略
新课程下学生主体性发挥的实践研究
新课程下教师观（学生观）的更新及教育策略的研究
新课程实施中学生情感、态度与价值观的评价的研究
新课程中地方课程（校本课程）的实践与反思
新课程中教师地位与作用
新课程环境下班级建设浅谈
新课程倡导学习方式变革的原因分析
新课程与教师评价改革
新课程改革与教师素质的提高
中学学科新课程的新理念研究

## 四、家庭教育研究

家庭教育与独生子女的成长
家庭环境对中学生性格及成长的影响
家庭氛围对教育（中学、小学）的影响
独生子女心理特点与成因分析
独生子女人格特点分析

## 五、实习体会与反思

实习中学对高校教育实习的意见与建议调查
历届校友在实习中学任教情况及对母校教育、教学工作的意见
本专业中学教学内容和方法应做哪些改革与改进
实习中学教学质量调查与研究
双重角色的自我体会
师范生的智能结构与品格结构研究
五年来本校毕业生的教学素质区域调查
师范生的素质教育研究
教育评价的改革与建设

## 六、综合研究

从教师现状看师范生的招生、就业
中学办学失范现象的成因
隐性课程的潜在价值研究
高等师范教育如何适应中等教育的发展
从中等教育的发展看师范院校的课程体系改革
中学良好校风的形成及其物化形式的研究
中学生成长中的家庭教育与学校教育的一致性研究
多元化评价的实践研究
社会环境与中学生成长
大学生创业教育与学校管理
浅议教育产业化问题
德育的学校家庭社会一体化问题研究
市场经济条件下学校德育面临的挑战与对策
通过实习，谈谈你对师范大学有哪些建议
通过实习，谈谈你对教学改革利弊的认识与反思
通过实习，对本校实践教学环节的反思
通过实习，对本课程体系和教学内容的反思。

## 课后练习

### 一、选择题

1. 教育实习调查的主要目的是什么？（　　）
   A. 了解实习学校的校园环境
   B. 提升实习生的专业知识
   C. 深入了解教育实际，提升教育实践能力
   D. 完成学校的实习任务

2. 下列哪项不属于教育实习调查的类型？（　　）
   A. 全面调查
   B. 访谈调查
   C. 抽样调查
   D. 个案调查

3. 在教育实习调查中，问卷调查法通常适用于哪些对象？（　　）
   A. 小学低年级学生
   B. 幼儿园儿童
   C. 教师、家长
   D. 小学高年级学生和中学生

4. 教育实习调查报告的哪个部分通常包含对调查结果的详细分析和结论？（　　）
   A. 正文
   B. 导语
   C. 封面
   D. 落款

5. 下列哪项不是教育实习调查报告格式要求的内容？（　　）
   A. 标题宋体二号加粗
   B. 正文一级标题宋体四号加粗
   C. 正文二级标题宋体五号加粗
   D. 其余汉字均为宋体小四号

### 二、判断题

1. 教育实习调查是师范生在教育实习期间必须完成的任务之一。（　　）
2. 描述性研究主要关注现象之间的因果关系，试图解释为什么某些现象会发生。
（　　）
3. 访谈法可以通过电话访谈的方式进行，适用于广泛收集数据。（　　）

4. 观察法要求调查人员在观察过程中必须让被观察者察觉，以便获得更真实的反映。（　　）

5. 教育实习调查报告的结尾部分通常包含调查者对问题的看法和建议。（　　）

## 三、简答题

1. 什么是教育实习调查？
2. 教育实习调查类型与方法有哪些？
3. 教育实习调查的一般程序与方法是什么？
4. 教育实习的调查报告对结构和格式要求有哪些？

第六章

# “融会贯通，博采众长”——教学技能

## 学习目标

理解：理解教学设计的概念、多媒体课件的概念、即兴讲演的概念、技能展示的内容、说课的概念、无生上课的概念。

掌握：掌握教学设计的过程、多媒体课件制作的过程和评价标准、即兴讲演的基本技巧和评价标准、技能展示的评价标准、说课的内容和评价标准、无生上课的要求和评课标准。

应用：综合应用教学设计、多媒体课件制作、即兴讲演、技能展示、说课、无生上课等手段参加教学竞赛活动。

## 素质目标

本章节内容，可以围绕以下几个方面来设计素质内容。

1. 教学竞赛在提升教学质量和促进教师成长方面具有重要意义。通过参加教学竞赛，教师可以接触最新的教育理念和教学方法，帮助教师自我诊断与反思，从而提升其教学能力和水平，更好地适应教育发展与改革的需求。

2. 落实立德树人根本任务，将课程素质理念贯穿教学竞赛全过程，深挖课程素质元素，并精心融入教学设计、多媒体课件制作、即兴讲演、技能展示、说课、无生上课等环节，实现知识传授、价值塑造和能力培养的多元统一。

◎案例导入

以赛促教提素养，绽放芳华正当时。教研教改是促进教育发展的原动力。为践行新课程标准，强化实习教师的综合素养，锻炼其专业教学技能，并深入推进课堂教学改革，×××初级中学为B院2025级汉语言文学专业实习队举办了初中语文教学竞赛活动。

本次教学竞赛共有十一位实习生参加，她们以新课标为引领，本着以生为本，发展学生核心素养的目标，精心设计了一系列精彩纷呈的课堂和学习活动。

善学者明，善思者智。此次比赛的备战过程中，×××初级中学的指导老师悉心指导，参赛学生全力以赴，大家都全身心地投入到每一个环节。赛后，×××初级中学指导老师们为实习老师的课堂进行了细致到位的点评，肯定了参赛实习老师们在教学设计中的创新之处，还针对存在的问题提出了宝贵的改进建议。

教有所成，研有所获。此次教学比赛不仅是对实习生实习效果的一次综合检验，更是对实习生真正走向教师岗位的一场历练，为她们今后顺利投身教育事业奠定了坚实的基础。希望在未来的日子里，各位实习生们能够继续秉承初心，不断学习，以梦为马，不负韶华。在未来的教育之路上，书写属于自己的壮丽诗篇，奏响新时代教育的青春乐章。

（资料来源：编者根据相关资料编写）

# 第一节 教学设计

## 一、教学设计概述

有些学者认为，教学设计是“对整个教学系统的规划，是教师教学准备工作的组成部分，是在分析学习者的特点、教学目标、学习内容、学习条件及教学系统组成部分特点的基础上统筹全局，提出具体教学方案，包括一节课进行过程中的教学结构、教学方式、教学方法、知识来源、板书设计等”。还有学者认为，教学设计是指在实施教学之前，依据学习论和教学论的原理，用系统论的观点和方法对教学的各个环节统筹规划与安排，为学生学习创设最优环境和准备过程。虽然概念界定不同，但教学设计都是对教学进行计划的活动，是教师创造性教学的“文本”，对“教什么”和“怎样教”进行的规划，是根据教学对象和教学目标，确定合适的教学起点与终点，将教学诸要素有序、优化地安排，形成教学方案的过程。简要说，教学设计主要包括教学目标设计、教学内容设计、教学方法设计和教学评价设计等内容。

## 二、教学设计过程

### （一）教学目标设计

教学目标设计是教学设计达到预期结果的重要环节。合理设计教学目标，是保证教学活动沿着预定方向进行的必要条件。设计教学目标要钻研课程标准，分析学生学习状态，确定教学目标分类，考虑教学目标的具体行动目标。同时教学目标设计要注意其明确性、完整性、主导性和层次性，其表述要清楚、具体，易于理解，便于实施。

### （二）教学内容设计

教学内容设计是教师钻研教材、合理选择和组织教学内容的过程，实习生要在学生“最近发展区”内选择适宜贴切的内容，并注重教材和生活的联系，加强教材内容之间的联系和挖掘教学内容的人文内涵。

### （三）教学方法设计

实习生在设计教学方法时，要明确课程标准，再根据具体教学目标、教学进度、学生学习特点、教学媒体条件等设计教学方法。另外，教学方法要符合学生要求，并有利于完成教学内容、解决难点和突出重点。

### （四）教学评价设计

合理设计教学评价策略和方式，对促进教学目标的达成和提高教学设计的科学有效性，有着积极作用。其中一种是检查教学目标达成程度的评价设计，另一种则是对课堂可能发生的学习状况的即时设计。它他们都贯穿教学活动的全过程。

## 三、教学设计评价标准

教学设计评价标准有中小学教学设计评价标准和幼儿园教学设计评价标准。详见表 6-1和表 6-2。

**表 6-1　中小学实习生教学设计评价标准表**

| 评价内容 | 评价标准 | 额定分值 | 评定等级 优（1） | 良（0.85） | 中（0.75） | 及格（0.65） | 不及格（0.5） | 应得分数 |
|---|---|---|---|---|---|---|---|---|
| 目标设计 | 教学目标表述清楚、具体，易于理解，便于实施，行为动词使用正确，阐述规范。 | 6 | | | | | | |
| | 符合课标要求、学科特点和学生实际，体现对知识、能力与创新思维等方面的要求。 | 6 | | | | | | |
| 内容分析 | 教学内容前后知识点关系、地位、作用描述准确，重点、难点分析清楚。 | 8 | | | | | | |
| 学情分析 | 学生认知特点和水平表述恰当，学习习惯和能力分析合理。 | 8 | | | | | | |
| 教学过程 | 教学主线描述清晰，教学内容处理符合课程标准要求，具有较强的系统性和逻辑性。 | 8 | | | | | | |
| | 教学重点突出，点面结合，深浅适度；难点清楚，把握准确；化难为易，处理恰当。 | 8 | | | | | | |
| | 教学方法清晰适当，符合教学对象要求，有利教学内容完成，难点解决和重点突出。 | 8 | | | | | | |
| | 教学辅助手段准备与使用清晰无误，教具及现代化教学手段运用恰当。 | 4 | | | | | | |
| | 内容充实精要，适合学生水平；结构合理，过渡自然，便于操作；理论联系实际，注重教学互动，启发学生思考及问题解决。 | 12 | | | | | | |
| | 注重形成性评价及生成性问题解决和利用。 | 4 | | | | | | |
| 延伸设计 | 课时分配科学、合理；辅导与答疑设置合理，练习、作业、讨论安排符合教学目标，有助于强化学生反思、理解和促进问题解决。 | 8 | | | | | | |

续表

| 评价内容 | 评价标准 | 额定分值 | 评定等级 | | | | | 应得分数 |
|---|---|---|---|---|---|---|---|---|
| | | | 优<br>(1) | 良<br>(0.85) | 中<br>(0.75) | 及格<br>(0.65) | 不及格<br>(0.5) | |
| 文档规范 | 文字、符号、单位和公式符合标准规范；语言简洁、明了，字体、图表运用适当；文档结构完整，布局合理，格式美观。 | 8 | | | | | | |
| 设计创新 | 教学方案的整体设计富有创新性，较好体现课程改革的理念和要求；教学方法选择适当，教学过程设计有突出的特色。 | 12 | | | | | | |
| 合计 | | | | | | | | |

**表 6–2　幼儿园实习生教学设计评价标准表**

| 评价内容 | 评价标准 | 额定分值 | 评定等级 | | | | | 应得分数 |
|---|---|---|---|---|---|---|---|---|
| | | | 优<br>(1) | 良<br>(0.85) | 中<br>(0.75) | 及格<br>(0.65) | 不及格<br>(0.5) | |
| 活动目标 | 1. 符合年龄特点；<br>2. 陈述明了、具体、可操作，体现学科特点。 | 28 | | | | | | |
| 活动准备 | 1. 准备与目标要求相匹配；<br>2. 物质材料准备适宜；<br>3. 相关经验准备充分。 | 20 | | | | | | |
| 活动过程 | 1. 教学基本程序完整；<br>2. 教学方法的选择与设计具有可操作性；<br>3. 活动过程有逻辑，有层次；<br>4. 活动组织形式选择适当。 | 32 | | | | | | |
| 文字表述与格式 | 1. 清晰、流畅；<br>2. 无错别字；<br>3. 格式规范。 | 20 | | | | | | |
| 合计 | | | | | | | | |

# 第二节 多媒体课件制作

## 一、多媒体课件制作概述

多媒体课件是用于实施教学活动的一种计算机辅助教学软件，是教师在一定的学习理论和教学理论的指导下，遵循学生的认知规律，根据学习目标和教学目标使用文字、图形、图像、声音、动画等多种素材设计反映某种教学策略和教学内容的课件。课件应形象直观、生动高效，并具备人机交互功能，有助于优化课堂教学，提高课堂教学效率。

多媒体课件制作还需遵循一定原则。第一，教学性原则。多媒体课件作为一种教学辅助手段，以图、文、声、像并茂进行为教学目标服务，协助教师完成教学任务，可将抽象的教学内容转化成具体可见的形式，帮助学生理解教学内容，激发学习兴趣，便于教师直观教学，创设教学意境，突破教学难点，突出教学重点。第二，操作性原则。课件要注意可操作性，尽量简便灵活，便于操作和控制。可在课件上设置导航菜单、按钮和图标，也可设置各部分内容间的转移，使幻灯片可以前进、后退、跳转和连接视频网站等，便于根据学生反馈信息改变演示进程，调控教学进度和方式。第三，简约型原则。课件制作尽量简约，文字和信息量不宜过多，不要将教学内容、自己想表达和能表达的信息全部置于课件，造成学生疲劳厌倦，课件设计考虑学生心理的同时，清晰显示教学内容，突出教学重点，尽量做到提纲挈领。第四，艺术性原则。课件制作是内容美和形式美的统一，能够激发学生学习兴趣，提高学生理解、记忆能力及学生注意力。注意利用画面视觉、设计布局、色彩对比、线条粗细、字符大小等展现美感。

## 二、多媒体课件制作过程

### （一）确定教学内容和目标，合理选题

课件是教学辅助软件。在明确教学目标和教学内容的基础上，教师要选择用课件来表达哪些知识要点。选题是指选择课件内容、选择课件知识点。当然课件内容可涵盖整个教学过程，也可设计部分内容为教学服务。

### （二）依据选题，选择课件形式

课件形式是教学内容的呈现形式。教师应根据教学内容确定并选择有效呈现方式。课件主要通过动画媒体、图形媒体、文字媒体、音响视频媒体等结合来制作，以突出教学主题。

### （三）设计和操作教学课件

课件设计要关注界面元素和布局、幻灯片切换方式、人机交互方式、色彩配置、文字信息呈现形式、音效动画和视频要求等，在此基础上结合教学内容设计文字、音频、视频、图片等课件内容。课件页面应清晰简洁、形象生动，应用演示文稿的强大功能调动课堂气氛。另外，教师在操作教学课件时，应确保时间分配、熟练快捷、交流方便，适于教学。

## 三、多媒体课件制作评价标准

表 6-3　多媒体课件制作评价标准表

| 评价内容 | 评价标准 | 额定分值 | 评定等级 | | | | | 应得分数 |
|---|---|---|---|---|---|---|---|---|
| | | | 优（1） | 良（0.85） | 中（0.75） | 及格（0.65） | 不及格（0.5） | |
| 科学性 | 课件取材适宜，内容科学、正确、规范。 | 13 | | | | | | |
| | 课件演示符合现代教育理念。 | 13 | | | | | | |
| 教育性 | 课件设计新颖，能体现教学设计思想；知识点结构清晰，能调动学生的学习热情。 | 40 | | | | | | |
| 技术性 | 课件制作和使用上恰当运用多媒体效果。 | 10 | | | | | | |
| | 操作简便、快捷，交流方便，适于教学。 | 10 | | | | | | |
| 艺术性 | 画面设计具有较高艺术性，整体风格相对统一。 | 14 | | | | | | |
| 合计 | | | | | | | | |

# 第三节　即兴讲演

## 一、即兴讲演概述

所谓即兴讲演，就是在特定的情境和主题的诱发下，自发或别人立即进行的当众讲演，是一种不凭借文稿来表情达意的口语交际活动。即兴讲演具有即兴发挥、主题集中、篇幅短小等特点，一般时间在 1～2 分钟，不超过 3 分钟。实习生应具备多方面的知识素养和能力，特别需要敏捷的思维能力、快速的语言表达能力和灵活的应变能力，主要考查实习生应用学科教育教学知识解决教学问题的能力、思想的深度及思维的敏锐程度。即兴讲演是实习生职业技能训练的必修课，可以提高口语表达能力，也有助于提高实习生从教综合素质。

由于没有事先做准备，因此即兴讲演对讲演者的基本素质要求较高，不但需要深厚的知识储备、思想深度、较强的材料组织能力，还需要对现场实时信息的准确把握和随机应变的能力。这就要求即兴讲演者应具备以下基本素质。第一，具备深厚的知识储备。讲演者具备一定的知识广度，丰厚的知识素养，才能实时思索形象的案例，在短时间内想到恰当生动的词汇，为即兴讲演增添魅力。这就要求讲演者具备一定的专业知识，并能了解日常生活知识，如国家大事、民生情况、风土人情、地理环境等。第二，有一定的思想深度。这是指即兴讲演者对事物纵向的分析认识能力。讲演者除了宏观地把握内容，还要迅速深入，透过现象看到事物本质、形成一条有深度的主线，围绕主线来丰富素材，并连贯成篇，避免脱离主线。第三，较强的材料综合加工能力。要求讲演者在短时间内把符合主题的素材组合、提炼并汇集在一起，讲演者需具备较强的综合能力，有效地发挥出其知识的广度和思想的深度。第四，现场实时信息准确把握。由于演讲者没有即兴演讲内容做事先精心准备，因而临场发挥是特别重要的。讲演者在构思初具轮廓后，应注意观察现场和听众，攫取那些与讲演主题有关的人物或景物，因地设喻，即景生情。第五，随机应变能力。由于讲演前没有做充分准备，在临场时就容易出现不可控的情况，比如怯场、忘词等现象。一旦发生这种情况，先要冷静，巧妙应变，才能扭转被动局面，逆势反转。

## 二、即兴讲演基本技巧

### （一）标题新颖

标题是讲演的灵魂。标题要新颖独特，夺人眼球，准确而生动地概括全文。当然题目选取要关注听众的心态、水平、爱好等，同时注意演讲的时间、场合等。

### （二）紧扣话题

紧紧围绕话题来精心组织材料进行论证。始终保持全神贯注，要有较强的警觉和思想准备。即兴讲演因无法在事先做充分准备，完全依靠即兴抓取材料。其来源一是平时的知识积累，二是眼前的人和事，又应以后者为主。比如，过多地引用间接材料，往往失掉即兴讲演的现实感和针对性，起不了应有的作用，只有紧扣话题，联系现场中的人和事，才能紧紧抓住听众的注意力。

### （三）情感充沛

要使听众激动，讲演者自己首先要有激情。讲演者动了真情，才能喜怒哀乐分明，语言绘声绘色，从而感染听众，达到交流情感的目的。比如，根据场景加上富有激情的体态语言，来着重强调想要表达的感情。

### （四）语言生动活泼

通过判断听众的知识结构和文化修养，来选用对应风格的语言。对文化层次不高的听众，讲演可选用朴素的语言；高雅的语言适合文化素养较高的听众。讲演者要善于学习生动活泼、有生命力的语言。

### （五）短小精悍

即兴讲演多是在一种激动的场合下进行的，没有人乐意听长篇大论，且时间不超过3分钟，因此必须短小精悍。短小，指篇幅而言；精悍，指内容而言。即兴讲演不能像命题讲演那样讲究布局谋篇，但也要结构合理，详略得当，要有快节奏风格和一气呵成的气势，切忌颠三倒四，离题万里，拖泥带水，重复冗杂。

## 三、即兴讲演评价标准

即兴讲演评价标准见下表6-4。

**表6-4 即兴讲演评价标准表**

| 评价内容 | 评价标准 | 额定分值 | 评定等级 | | | | | 应得分数 |
|---|---|---|---|---|---|---|---|---|
| | | | 优（1） | 良（0.85） | 中（0.75） | 及格（0.65） | 不及格（0.5） | |
| 讲演内容 | 主题鲜明切题，内容充实、针对性强；问题分析到位，解决策略得当、新颖，说服力强；论据贴切，符合实际，阐释充分内容构架结构严谨、层次分明、条理清晰。 | 33 | | | | | | |
| 语言艺术 | 普通话标准，用语规范，节奏处理得当，说服力强。 | 20 | | | | | | |
| 思维艺术 | 思维敏捷，逻辑清晰；灵活而有效地调整、组织讲演内容。 | 20 | | | | | | |
| 仪表形象 | 神态自然，动作适度，与讲演内容吻合。 | 20 | | | | | | |
| 讲演时间 | 时间在2～3分钟之间，不超时。 | 7 | | | | | | |
| 合计 | | | | | | | | |

# 第四节 技能展示

技能展示是实习生职业素质教育的切入点，为切实提高实习生教学基本功，具备过硬的基本技能，通过技能展示来修补短板，全方位训练师范生素质，使他们具备系统扎实的专业知识与技能，具有较强的实践能力。

## 一、技能展示内容

### （一）中小学实习生技能展示

**1. “读”：普通话诵读**

诵读是中小学教师为师从教的一项重要技能。开展此项活动要达到四个目的：一是教师普通话水平要达到规定要求；二是促进教师普通话的应用，使普通话真正成为校园语言；三是使普通话诵读成为全体教师的自觉行为；四是通过普通话诵读提高中小学教师的人文素养。

**2. “写”：规范汉字书写和教学作图（画）**

规范汉字书写和教学作图（画）是教师目前需要提倡广泛训练的基本功。汉字书写要做到写字姿势端正，能用正楷或行楷书写规范的简化汉字、学科符号、字符等，做到笔画规范、笔顺正确，结构合理、字迹工整，字体美观、行款整齐。板书时能及时、自然、连贯，做到板面整洁，布局科学、层次分明、重点突出、无错别字，有一定的速度。

**3. “作”：教学课件制作**

教学课件制作活动要求运用现代教育技术与课程整合的相关知识，选取适当的内容结合自己的教学实际制作相应的教学课件。交互界面直观、亲切，颜色搭配观感舒适，动画或其他媒体的设计和选用有创意，有利于培养学生学习能力，有利于发展学生思考和创造能力。

**4. “说”：说课**

说课活动应按照统一要求，在规定时间内独立完成备课、说课等内容，重在考察教师的教学理念、教学能力和教学水平。

**5. “教”：课堂教学**

课堂教学活动要以“高效课堂、有效学习”为主题，以提高教师课堂教学能力为目标。教师所制作的课例应能体现新课标、新教材、新课堂和新学情，能关注学生在学习过程中的主体地位和创新精神及实践能力的培养。注重学科教学特点，教学过程中恰当地使用多媒体教学课件和其他资源（教具、学具等），鼓励教学设计上的创新。

**6. “评”：课堂观察与评课**

课堂观察是提高教师教学水平，反思课堂教学行为的专业研究活动，包括课前准备、课堂观察记录和课后评议三个环节。课堂观察有四点基本要求：有明确的观察目的、有适当的观察内容、有科学的观察方法、有清晰的观察分析和结论。评课要坚持“以学生的发展为本”，从学生全面发展的需要出发，从有利于对教学的诊断和正确的导向出发；坚持评教与评学相结合，把评课的重点放在“评学”上。

### （二）幼儿园实习生技能展示

学前教育专业要求所培养的学生具有会讲（儿童故事）、会画（儿童画）、会舞（儿童舞蹈）、会弹唱（儿歌弹唱）、会做（儿童手工）、会操（幼儿早操）、会说（说课）等各项基本技能，以培养能胜任幼儿园各项教学教育工作的实践型人才，鼓励学生在掌握专业理论与文化知识的同时，努力做到一专多能。

## 二、技能展示评价标准

### （一）中小学实习生技能展示评价标准

详细技能展示评价标准见下表 6-5。

**表 6-5 中小学实习生技能展示评价标准表**

| 评价内容 | 评价标准 | 额定分值 | 评定等级 | | | | | 应得分数 |
|---|---|---|---|---|---|---|---|---|
| | | | 优（1） | 良（0.85） | 中（0.75） | 及格（0.65） | 不及格（0.5） | |
| 读 | 准确把握作品，做到正确、流畅、有感情，音量、语速适度，恰当运用停顿、重音等诵读手段，充分表达自己对作品的理解及感受。 | 10 | | | | | | |
| 写 | 能根据学科需要，边讲课边把教学内容所涉及事物形态、结构等用简洁、流畅的图画出来（数学教师能熟练使用教具在黑板作图），画面清晰，色彩运用美观得当，能直观、形象地表现教学内容。 | 10 | | | | | | |

续表

| 评价内容 | 评价标准 | 额定分值 | 评定等级 | | | | | 应得分数 |
|---|---|---|---|---|---|---|---|---|
| | | | 优（1） | 良（0.85） | 中（0.75） | 及格（0.65） | 不及格（0.5） | |
| 作 | 制作教学课件应做到教学目标明确，能解决教学中的重点、难点问题，教学内容组织结构合理，教学资料典型、新颖，语言、文字和符号使用规范。 | 15 | | | | | | |
| 说 | 说明通过什么途径有效地运用这些教学方法，阐述如何引导学生运用正确的学习方法完成本节课的教学活动，归纳总结各个环节，阐述清楚。 | 20 | | | | | | |
| 教 | 教学目标、教学内容、教学方法、教学过程、教学效果构成有机整体，技能目标突出，素质目标突出，学生主体突出，学生活动突出，学科特点突出，课堂效果突出。 | 30 | | | | | | |
| 评 | 评课要将评教学目标、评教材处理、评教学程序、评教学方法和手段、评教师教学基本功、评学法指导、评师生关系、评教学效果等有机地结合。 | 15 | | | | | | |
| 合计 | | | | | | | | |

## （二）幼儿园实习生技能展示评价标准

详细技能展示评价标准见下表6-6至表6-11。

**表6-6　讲故事评价标准表**

| 评价内容 | 评价标准 | 额定分值 | 评定等级 | | | | | 应得分数 |
|---|---|---|---|---|---|---|---|---|
| | | | 优（1） | 良（0.85） | 中（0.75） | 及格（0.65） | 不及格（0.5） | |
| 基本功 | 1. 故事内容熟悉，形象解读和文本加工合理，情节完整。<br>2. 语音规范，吐字清晰，语流顺畅。 | 40 | | | | | | |

续表

| 评价内容 | 评价标准 | 额定分值 | 评定等级 | | | | | 应得分数 |
|---|---|---|---|---|---|---|---|---|
| | | | 优（1） | 良（0.85） | 中（0.75） | 及格（0.65） | 不及格（0.5） | |
| 表现力 | 1. 叙述语言和角色语言分明，声情并茂，富有感染力。<br>2. 仪态大方得体，态势语运用自然灵活。 | 33 | | | | | | |
| 创意 | 儿童特点和讲述者的个性特点结合得恰到好处。 | 27 | | | | | | |
| 合计 | | | | | | | | |

**表 6-7　儿童画评价标准表**

| 评价内容 | 评价标准 | 额定分值 | 评定等级 | | | | | 应得分数 |
|---|---|---|---|---|---|---|---|---|
| | | | 优（1） | 良（0.85） | 中（0.75） | 及格（0.65） | 不及格（0.5） | |
| 基本功 | 能较好地表达儿童故事的思想内容，熟练运用构图的基本法则合理布局，构图饱满，疏密得当，主体形象突出，色彩鲜艳，基调明确。 | 40 | | | | | | |
| 表现力 | 表现技法娴熟，画面具有一定的形式感和视觉冲击力，有较好的局部刻画能力。 | 33 | | | | | | |
| 创意 | 画面新颖而富有童趣，具有丰富的想象力和大胆的创意。 | 27 | | | | | | |
| 合计 | | | | | | | | |

**表 6-8　儿童舞蹈评价标准表**

| 评价内容 | 评价标准 | 额定分值 | 评定等级 | | | | | 应得分数 |
|---|---|---|---|---|---|---|---|---|
| | | | 优（1） | 良（0.85） | 中（0.75） | 及格（0.65） | 不及格（0.5） | |
| 基本功 | 动作协调，连接顺畅，能合理运用各种舞蹈元素且与歌曲内容相匹配。 | 40 | | | | | | |
| 表现力 | 动作流畅，舞蹈元素风格准确，体现儿童歌曲特点。 | 33 | | | | | | |
| 创意 | 动作优美，有张力，有个性特点。 | 27 | | | | | | |
| 合计 | | | | | | | | |

**表 6-9　儿童弹唱评价标准**

| 评价内容 | 评价标准 | 额定分值 | 评定等级 | | | | | 应得分数 |
|---|---|---|---|---|---|---|---|---|
| | | | 优（1） | 良（0. 85） | 中（0. 75） | 及格（0. 65） | 不及格（0. 5） | |
| 基本功 | 1. 钢琴伴奏熟练、完整，歌曲旋律演奏准确，指法、和弦配置规范合理。<br>2. 歌曲演唱完整，咬字吐字清晰，歌词准确无误，演唱气息规范、流畅，声音自然。 | 40 | | | | | | |
| 表现力 | 能准确地表达歌曲的内容及风格，歌曲情感处理恰当，表情自然，弹唱具有一定感染力。 | 33 | | | | | | |
| 创意 | 弹唱结合，歌曲特点和弹唱者个性特点结合，自然和谐流畅。 | 27 | | | | | | |
| 合计 | | | | | | | | |

**表 6-10　儿童手工评价标准表**

| 评价内容 | 评价标准 | 额定分值 | 评定等级 | | | | | 应得分数 |
|---|---|---|---|---|---|---|---|---|
| | | | 优（1） | 良（0. 85） | 中（0. 75） | 及格（0. 65） | 不及格（0. 5） | |
| 教育性 | 符合幼儿园的课程目标和教育内容；符合幼儿的实际经验与兴趣；玩教具富有开放性；有利于儿童积极探索，发展智力。 | 20 | | | | | | |
| 科学性 | 玩教具操作方法符合幼儿发展水平；玩教具承载的相关知识、概念，适合幼儿认知水平；玩教具的结构符合科学原理；玩教具设计重点突出，便于完成教学任务。 | 20 | | | | | | |
| 趣味性 | 玩教具设计重点符合幼儿的审美情趣；玩教具的色彩鲜明，能引起幼儿的兴趣；玩教具结构独特，能吸引幼儿的注意。 | 15 | | | | | | |
| 创造性 | 结构造型独具一格，能激发幼儿想象；玩教具操作方法具有多样性；玩教具原始材料富有创新性。 | 15 | | | | | | |

续表

| 评价内容 | 评价标准 | 额定分值 | 评定等级 | | | | | 应得分数 |
|---|---|---|---|---|---|---|---|---|
| | | | 优（1） | 良（0.85） | 中（0.75） | 及格（0.65） | 不及格（0.5） | |
| 简易性 | 制作材料简单易得，具有地方特色；材料物美价廉；玩教具操作简单，使用方便。 | 15 | | | | | | |
| 安全性 | 所用材料不应含有毒物质；成品结构合理（包括大小、体积以及玩具边缘是否尖锐等）；材料要符合环保要求，可循环利用，利于可持续发展。 | 15 | | | | | | |
| 合计 | | | | | | | | |

**表 6-11　幼儿早操评价标准表**

| 评价内容 | 评价标准 | 额定分值 | 评定等级 | | | | | 应得分数 |
|---|---|---|---|---|---|---|---|---|
| | | | 优（1） | 良（0.85） | 中（0.75） | 及格（0.65） | 不及格（0.5） | |
| 早操设计 | 符合幼儿年龄动作发展特点，能根据幼儿身体发展及运动特点设置运动量，难度适宜；小班以模仿操和徒手操为主；中班、大班以徒手操和轻器械操为主；结构合理，各环节要求明确，有热身、运动与放松部分；配乐与早操活动内容和谐、节奏明快，有儿童情趣，能振奋幼儿精神。 | 30 | | | | | | |
| 早操过程 | 教师带操时亲切、自然、精神饱满；示范动作准确、规范，口令熟练，节奏感强；队列、队形富于变化，利于激发幼儿参与队列练习的积极性；利用器械或身体练习走、跑、平衡、跳、钻等基本动作，取放器械有序；根据活动中出现的情况随机进行指导，尽量用肢体语言进行提示。 | 45 | | | | | | |

续表

| 评价内容 | 评价标准 | 额定分值 | 评定等级 | | | | | 应得分数 |
|---|---|---|---|---|---|---|---|---|
| | | | 优（1） | 良（0.85） | 中（0.75） | 及格（0.65） | 不及格（0.5） | |
| 早操效果 | 轻松愉快、精神饱满，师生交流、生生合作交流自然默契；动作编排有创意，符合本班幼儿年龄的基本动作要求，走、跑步自然协调，操节动作准确到位；早操活动完整、流畅、有序、有效地完成。 | 25 | | | | | | |
| 合计 | | | | | | | | |

# 第五节 说　课

## 一、说课概述

### （一）说课的概念

说课，是一种教学、教研改革的手段。实践证明，说课活动有效地调动了教师投身教学改革、学习教育理论、钻研课堂教学的积极性，也是提高教师素质、培养造就研究型、学者型青年教师的最好途径之一。

当前，学界并未对说课有统一定义。有的学者认为说课是教师口头表述具体课题的教学设想及其理论依据，也就是授课教师在备课的基础上，面对同行或教研人员，讲述自己的教学设计，然后由听者评说，达到互相交流、共同提高的目的的一种教学研究和师资培训的活动；有的学者认为说课是教师依据课程大纲、教育教学理念，口头表述自己对教学内容、教学目标、教学重难点、教学方法、教学程序等进行创造性设计的一种教研形式；也有学者认为说课既可以是针对具体课题的，也可以是针对一个观点或一个问题的，认为说课是教师针对某一观点、问题或具体课题，口头表述其教学设想及其理论依据。其实说得简单点，说课侧重教学意图，说明“教什么、为什么教这些、怎么教和为什么这样教”的问题。说课是师范生教育实习、教师资格证考试和教师招聘考试中必需的环节。

## （二）说课的意义

**1. 说课有利于提高实习生教研活动的实效**

实习生教研活动一般停留在上课和评课。上课的实习生处在一种完全被动的地位，听课教师也不一定能理解其确切的教学意图，教研实效低下。通过说课，实习生说出自己教学的意图，说出自己处理教材的方法和目的，让听课教师更加明白怎样去教，为什么要这样教，从而使教研的主题更明确，重点更突出，提高教研活动的实效。另外，实习生还可以通过对某一专题的说课，统一思想认识、探讨教学方法、提高教学效率。

**2. 说课有利于提高实习生备课的质量**

从总体上看实习生备课都是很认真的，但大多只是简单地备“怎样教”，很少有人会去想“为什么要这样备”。备课缺乏理论依据，导致了备课质量不高。说课活动可以引导实习生去思考为什么要这样教学，这就能从根本上提高实习生备课的质量。

**3. 说课有利于提高实习生课堂教学的效率**

实习生通过说课，可以进一步明确教学的重点、难点，理清教学的思路。这样就可以克服教学中重点不突出、训练不到位等问题，提高课堂教学的效率。

**4. 说课有利于提高实习生自身素质**

一方面，说课要求实习生具备一定的理论素养，这就促使他们不断地去学习教育教学的理论，提高自己的理论水平。另一方面，说课要求实习生用语言把自己的教学思路及设想表达出来，这就在无形中提高了师范生的组织能力和表达能力，提高了自身的素质。

## （三）说课的特点

**1. 机动灵活**

上课、听课等教研活动都要受时间和场地等限制。说课则不同，说课不受时间、地点、教学设备的限制，也不受教学对象和参加人数的制约，人多可以，人少也可以。时间也可长可短，地点也不受限制，非常灵活。

**2. 短时高效**

单纯的说课一般时间较短，20 分钟左右即可完成，但内容却十分丰富，既包括教师对教材的理解掌握和分析处理，又包括教法设计；既要说清怎么教，又要讲出为什么。

**3. 运用广泛**

说课的运用很广，领导检查教师备课、教师间研究教学、评价教师的教学水平、开展教学技能竞赛等均可采用说课的方法。

#### 4. 理论性强

说课的理论意味很强，能充分体现教师的教学思想。上课是时间性的表演，说课是理论性的分析，教师没有一定的理论水平，是说不好课的。

## 二、说课内容

说课是按照说课内容的内在逻辑来撰写，可总结为说教材、说教法、说学法、说教学程序。说课应根据具体情况，突出重点、抓住关键。

### （一）说教材——阐述对教材的理解

一是说课堂教学指导思想及大纲。根据学科课程标准，说明本节课的教学指导思想。

二是说教材地位和作用。说明本节课在教材体系中的地位和作用。

三是说教学目标设计。根据教学大纲要求，说明本节课要求学生掌握的“知识与技能”“过程与方法”“情感态度与价值观”等维度的目标。

四是说教学重、难点等。分析本节课的教学重点、教学难点和教学关键点的确立和依据等。

### （二）说教法——介绍教的方法和措施

一是说教学方法、原因和目的。说明本课选择的教学方法、怎么教的办法和为什么这么教的依据，以及采用此教法所依据的教学原理或原则。

二是说教学手段。说明本课在什么情况下采用什么样的教学手段及其设计意图，包括多媒体设施的运用。

三是说学生学习教学重难点具体措施。重点说明突出重点、化解难点的方法。

四是说激发学生学习动力需要的措施，特别是培养创新精神和实践能力等具体做法。

### （三）说学法——学会怎样学习

一是说学习方法。说明本课中将教给学生哪些学习方法、学习方法的特点，以及如何在课堂上操作、教师要做怎样的学法指导等。

二是说培养学习能力和兴趣。说明本课中如何培养学生学习能力和培养途径，以及调动和激发学生学习兴趣具体措施。

### （四）说教学程序——介绍教学过程设计

一是说教学思路与教学环节安排。说明本课教学设计思路及基本环节。

二是说教学过程。说明教学过程的总体结构设计，即“导入—过程—结束”的内容安排，并说明安排教学过程的原因。同时致力于教学难点和教学重点的突破，并简要说明这样设计的理由。

三是说教与学的双边活动安排。说明教学互动的过程及理论依据，主要包括每个教学环节中教师教什么和学生学什么、教师怎么样教和学生怎么样学及如何开展双边活动。

四是说“板书设计”。展示本课结束时，应在黑板上保留的板书内容，说出这些板书的内在结构和对促进学生有效学习的价值。

五是说利用教学资源。说明本课利用的教学资源，如教学课件等。简述自己设计、制作的思路和过程，起到突出本课重点，降低本课难度以突破难点的作用。

说课，不同于上课，也不同于一般的发言稿，它要求说者比较系统地介绍自己的教学设计及其理论依据，而不是宣讲教案，也不是浓缩课堂。它的核心在于“说理”，说清为什么要这样教，说课的重点在于教学重点和教学难点的突破上。同时，注意教师要情绪饱满、语言得体、简练准确，要具有教育性和艺术性，还要发挥个人特长，灵活把握说课的方法。

### ▶ 说课案例

#### 案例1 七年级语文课文《春》说课稿

各位老师好！今天我说课的课题是《春》。下面我将对本课题进行分析。

**一、说教材**

《春》是人教版语文七年级上册必修教材第三单元第一个课题。正如俗话说得好：“一年之计在于春。”有了《春》的优美开篇，才有接下来《济南的冬天》的温情叙述。因此，本课题的理论、知识是学好以后课题的基础，它在整个教材中起着启发下文的作用。

**二、说教学目标**

根据本教材的结构和内容分析，结合着七年级学生的认知结构及其心理特征，我制定了以下的教学目标。

1. 知识与技能目标

（1）掌握生字词

（2）学习用鲜明、准确、生动的语言，具体地、绘声绘色地描绘春天的各种景色。

（3）学习作者对事物的细致观察和抓住“春天”的特点。

2. 过程与方法目标

深刻理解作者通过细致生动的描绘，来表现自己热爱自然、热爱生活、追求未来、积极进取的生活态度和为人类美好的春天而发奋努力的崇高理想。

3. 情感与价值观目标

深刻理解作者通过细致生动的描绘充满生命力的春天景象，来表现自己热爱自然、热爱生活、追求未来、积极进取的生活态度和为建设人类美好的春天而发奋努力的崇高理想。

**三、说教学的重难点**

本着语文新课程标准，在吃透教材基础上，我确定了以下教学重点和难点。

1. 教学重点：重点是只有掌握了细致观察事物的能力、抓住事物特点，才能理解文章和用鲜明；准确生动的语言和多种修辞方法写文章和描述自己的所见所闻。

2. 教学难点：难点是“春天的形象”是比较抽象的，学生难以具体形象地感悟；“春”读出感情，用声音来塑造春天的形象，积累体验培养语感，传达内心感受。

**四、说教法**

考虑到七年级学生的现状，我主要采取设置情景教学法，让学生积极主动地参与到教学活动中来，使他们在活动中得到更为深入的认识和体验，从而产生实践的愿望；通过课堂教学感染和学生激励，调动起学生参与活动的积极性，激发学生对解决实际问题的渴望，并且要培养学生理论联系实际的能力，从而达到最佳的教学效果。基于本课题的特点，我主要采用了以下的教学方法。

1. 情景教学法：利用多媒体文本手段营造出自然、美丽、温馨的春天，给学生创设一个轻松、愉悦的学习氛围。

2. 朗读教学法：“书读百遍，其义自见”，一篇好文章是读出来的。因此，要将各种方式的“读”贯穿于整个课堂，让学生在读中学、学中悟。

3. 探究讨论教学法：充分发挥学生的主观能动性，让学生在讨论中分析、感受作者的写作成功之法。

**五、说学法**

我们常说：“现代的文盲不是不懂字的人，而是没有掌握学习方法的人”。因此，我在教学过程中特别重视学法的指导。让学生从机械的“学答”向“学问”转变，从“学会”向“会学”转变，成为学习的真正的主人。这节课在指导学生的学习方法和培养学生的学习能力方面主要采取以下方法：思考评价法、分析归纳法、自主探究法、总结反思法。

最后，我具体来谈谈这一堂课的教学过程。

**六、说教学过程**

在这节课的教学过程中，我要注重突出重点、条理清晰、紧凑合理，各项活动的安排也注重互动、交流，最大限度地调动学生参与课堂的积极性、主动性。

1. 课文引入

◆一起听王杰、王韵婵演唱的《祈祷》，引导学生注意文中少了一个季节。——春，引导学生说出春是万物复苏的季节，一年的开始，是播种的季节，等等。

2. 整体感知课文

◆学生静听录音，通过声音感受春色之美。

◆（赏春）“通过我们的想象，我们随着春的旋律在听觉上感受到了春色的美。你们想不想亲自目睹春的迷人画面啊?"

◆（说春）"在欣赏春意盎然的美景的同时，老师希望同学们能够赠送春天一件礼物。你们都已经历过十多个春天了，能否用一句饱含情感的语言说说你对春天的深刻感受?"

3. 初步理解课文

▲初读课文，理清课文的内容和思路。

▲在欣赏中感知课文的感情基调——积极进取、高度赞美的感情。(板书题目及作者)

▲作者简介。(此步骤要求学生在预习时自己查找资料，完成对朱自清的认识，课堂上让同学们相互补充。)

▲掌握文中的生字词，特别是一些多音字，为下面的朗读扫除障碍。(利用屏幕扩充课内知识容量)

4. 深入理解课文内容

学生再读课文，再次理解欣赏春色之美。引导学生回答：(1) 朱自清笔下有哪些景物，有哪些特点?(2) 说出最喜欢朱自清先生描绘的哪一幅图画?或者最喜欢哪些词句?与大家分享，同时说明理由。

5. 教学小节

学生谈本节课的收获，教师侧重从理解写景散文的特点方面加以引导。有如下要点：

★选取有代表性的景物；要抓住景物特点绘形、绘声、绘色、绘神，使景物能够逼真地再现在读者面前；

★在景物中融入自己强烈的情感，并通过直接抒情把这种感情表达出来；

★要借助拟人、排比、比喻等修辞手法，使语言优美生动。

6. 板书设计

用精练、概括的文字勾勒出文章的结构，脉络清晰、形象直观，使美丽、温馨的春天永驻学生心中。

七、说小结

1. 对教材内容的处理

根据新课程标准的要求、知识的跨度、学生的认知水平，我对教材内容有增有减。

2. 教学策略的选用

我采用了模拟活动，强化学生的生活体验。学生对教材这部分知识所对应的观察春天现象，具有了一定的生活体验，但缺乏对这种体验的深入思考。因此，在进一步强化这种体验的过程中，我进行了思考和认知，从学生的思考探究中来，有助于提高学生的兴趣，有助于充分调动学生现有的知识，培养学生的各种能力，也有助于实现理论知识与实际生活的交融。

组织学生探究已学知识，并而后形成新的知识。我运用案例等形式创设情境、呈现问题，使学生在自主探索、合作交流的过程中，发现问题、分析问题、解决问题。这样做既有利于发展学生的理解、分析、概括、想象等创新思维能力，又有利于学生表达、动手、协作等实践能力的提高，促进学生全面发展，力求实现教学过程与教学结果并重，知识与能力并重的目标。也正是由于这些认识来自学生自身的体验，因此学生不仅“懂”了，而且“信”了，从内心上认同这些观点，进而能主动地内化为自己的情感、态度、价值观，并融入实践活动中去，有助于实现知、行、信的统一。

**八、结束语**

各位老师们，本节课我根据七年级学生的心理特征及其认知规律，采用直观教学和活动探究的教学方法，以“教师为主导，学生为主体”，教师的“导”立足于学生的“学”，以学法为重心，放手让学生自主探索学习，主动地参与到知识形成的整个思维过程，力求使学生在积极、愉快的课堂气氛中提高自己的认识水平，从而达到预期的教学效果。我的说课完毕，谢谢！

## 案例2　幼儿园大班语言活动说课稿

**一、说目标**

《幼儿园教育指导纲要》（以下简称“纲要”）要求“引导幼儿接触优秀的以儿童文学作品，使之感受语言的丰富和优美，并通过多种活动帮助幼儿加深对作品的体验和理解”。《3-6岁儿童学习与发展指南》《以下简称“指南”》也指出5~6岁儿童要能初步感受文学语言的美。基于上述文件精神，我设计了以《五星红旗我爱你》为素材的大班语言活动，结合大班幼儿身心发展特点，将视、听、说、动相结合，让幼儿在体会诗歌的韵律感的基础上理解诗歌并学会有感情地朗读诗歌。

开展这项活动，紧紧围绕认知、技能、情感三个维度为目标：

认真欣赏诗歌《五星红旗我爱你》，初步理解诗歌的内容；

在以多种方式趣味朗读诗歌的基础上，学会朗读诗歌的技巧与方法；

体验朗读的快乐，提升对诗歌的喜爱。

**二、说内容**

幼儿在语言活动中，大多能在老师的指导下理解作品的主要内容，并乐意用自己的方式创造性地表现。本活动主要是引导幼儿直观形象地理解诗歌内容，并且用多种有趣的方法，让幼儿学会用正确的情感朗读诗歌，让幼儿爱上诗歌。

1. 活动重难点

活动的重点是幼儿的体验、能正确表达诗歌情感，因为5～6岁幼儿在语言活动中要能初步感受文学语言的美，而表达诗歌的情感可以间接感受语言的美；活动的难点便是理解诗歌的内容，因为诗歌都是书面语言，而幼儿往往以直观理解为主，如何将抽象的东西化为直观且容易理解的内容，便是一大难点。

2. 突破手段

为了突破重难点，我做了以下准备。

材料准备：《五星红旗我爱你》诗歌朗读音频、多媒体课件。

经验准备：幼儿已有的对五星红旗的认知、已有初步的爱国情感、已有进行音乐律动活动的经验。

突破手段：以不同情感对比朗读、用肢体语言感受诗歌韵律和特点。

**三、说方法**

1. 教法

启发引导法：幼儿在观察、操作的过程中遇到问题，教师运用适当语言，帮助幼儿发现问题，引导幼儿解决问题，并灵活运用集体活动、小组活动和个别活动的组织形式使师生互动得到发展。

直观教学法：结合幼儿生活经验，用音视频、图片直观教学。

提问法：设计提问环节，引导幼儿思考问题、回答问题。在一问一答过程中，幼儿的思维能力和口语表达能力得以发展。这也是语言教育的任务之一。

游戏法：游戏是幼儿的基本活动，它具有创造性、娱乐性、教育性。在音乐游戏的环节中，引导幼儿和教师进行节拍游戏，幼儿在游戏中不知不觉掌握了诗歌中的语言和表达的情感。

多种教学方法整合，达到了科学性、艺术性、健康性、愉悦性的和谐统一。

2. 学法

体验法：心理学相关理论指出，“凡是人们积极参加体验过的活动，人的记忆效果就会明显提高”。为了让幼儿掌握多种阅读方式，用拍打身体的方式，有节奏朗读来表达诗歌情感，体验朗读诗歌的乐趣。

交流讨论法：当幼儿对自己成长有一定的体会时，让他们互相交流自己的看法，讲述自己的故事，讨论自己的发现，不仅让幼儿分享快乐，实现生生互动的目标，而且能提高幼儿的语言表达能力。

3. 活动小结

本次活动通过视、听、说、动四种感官相结合，培养幼儿对诗歌韵律的欣赏能力，在身体舞动的节奏中，感受朗读诗歌的快乐。

**四、说过程**

根据本次的活动内容及幼儿的认知基础，围绕活动目标、重点和难点，我把活动设计为以下几个环节。

1. 出示图片，引起幼儿的兴趣

教师播放 PPT 中五星红旗的图片，请小朋友观察后，随即点击鼠标，让一个爱心飞进国旗的中心。

教师播放下一张 PPT，呈现国旗五颗金星光芒照大地的图片。

教师将三张讲述诗歌内容的图画集中在一张 PPT 展示。

教师完成导入，带领小朋友们进行诗歌的欣赏。

2. 视听结合，深入了解

教师播放诗歌音频，并配上相应的 PPT 图片，请幼儿安静地欣赏诗歌。

教师再播放一遍音频，播完后自己有感情地朗读一遍。

教师带领幼儿结合 PPT 图片，学会有感情地熟练朗读诗歌（1～2 遍）。

3. 舞动身体，体验诗歌韵律

教师做示范，用身体进行敲击，有节奏地演绎第一段诗句。

教师拍打双手（匀速四次）时，嘴中念“五星红旗”；停顿一下，拍打胸口（匀速四次）时，嘴中念“我爱你”；教师拍拍脑袋（匀速四次）时，嘴中念“五颗星星”，停顿一下；教师跺跺脚（匀速四次）时，嘴中念“照大地”。幼儿进行模仿学习，感受四字节奏。

教师邀请小朋友接着用拍打节奏的方法，继续进行下一段诗歌朗读。

教师带领小朋友一起完整地用拍打节奏的方法进行诗歌朗读，再引导幼儿用不同的部位进行拍击，自己创编诗歌节奏。

教师最后进行总结：有节奏、有感情地朗读诗歌，诗歌才会更好听。

4. 活动延伸

幼儿回家用拍打节奏的方法，将诗歌演绎给家长听，并教会家长，且录一段和家长共同表演的小视频。

【结束语】在本次设计活动中，我自觉运用《纲要》及《指南》中的相关教育理念，积极为幼儿营造一种生动活泼的活动氛围，充分调动幼儿参与活动的积极性和主动性。最大限度激发了幼儿的好奇心和探究欲望。以上就是我的说课内容，谢谢！

## 三、说课评价标准

详细说课评价标准见下表 6-12。

**表 6-12 说课评价标准表**

| 评价内容 | 评价标准 | 额定分值 | 评定等级 | | | | | 应得分数 |
|---|---|---|---|---|---|---|---|---|
| | | | 优（1） | 良（0.85） | 中（0.75） | 及格（0.65） | 不及格（0.5） | |
| 说目标 | 1. 说明目标的具体内容。<br>2. 说明目标制定的理由。 | 16 | | | | | | |
| 说内容 | 1. 说明活动内容是什么。<br>2. 能合理阐述对内容的理解或认识。<br>3. 说明活动的重点或难点；及其理由。 | 28 | | | | | | |

续表

| 评价内容 | 评价标准 | 额定分值 | 评定等级 | | | | | 应得分数 |
|---|---|---|---|---|---|---|---|---|
| | | | 优（1） | 良（0.85） | 中（0.75） | 及格（0.65） | 不及格（0.5） | |
| 说方法 | 1. 说明主要的教学方法。<br>2. 说明选用或设计教学方法的理由。 | 20 | | | | | | |
| 说过程 | 1. 能清晰说明各环节及有关策略的设计理由。<br>2. 能明确说明各环节设计的目标。 | 24 | | | | | | |
| 语言 | 语言表述清晰、流畅 | 12 | | | | | | |
| 合计 | | | | | | | | |

# 第六节 无生上课

## 一、无生上课概述

“无生上课”即模拟上课，是依据教学设计方案模拟课堂的情景来展开。教师在没有学生的情况下面对听课者上课的一种有预设而无生成的课堂教学。无生上课是师范生教学能力测评手段之一，一般时间校课为 15～25 分钟，能直接反映其是否具备扎实的功底、丰富的知识储备、深厚的综合素养等，也展示教师对课堂教学的驾驭能力、教学方法、创新精神及对教育理念的深层次阐释。

根据使用目的不同，一般分为教学研究型与选拔评比型两种。教学研究型无生上课主要通过上课研修教学实践，引导教师进行课堂教学设计，培训教师的课堂教学技能和反思、诊断技能等，目的在于培养教师能力、促进教师成长。选拔评比型无生上课主要指教育主管部门、教研部门和学校在选招“新”教师或评比教学能手等时，为了全面考核参加者的教学能力采用的一种方式，常与课堂教学设计和教学答辩结合进行。

## 二、无生上课要求

无生上课目标主要在于帮助教师改进教学方案、培训教学技能等。在符合课程标准、贴近学生实际的基础上，其要求大都体现在教师教学态度、教学语言、教学方法、教学内容、教学技能、教学素养、教学机智及创新意识等方面。

### （一）教学态度和语言方面

仪态要自然大方，态度认真并尊重教学规律；语言要规范简洁，生动形象，用普通话教学；讲授要准确无误并富有启发性，同时注意抑扬顿挫，要有激情。教师通过亲切自然的教态、绘声绘色的讲述，以及使用教学媒体手段配以丰富的肢体语言表达，以调动学生学习积极性。

### （二）教学方法和技能方面

虽然是无生上课，但教学方法的设计仍很重要。教学方法应符合学生的认知规律，应在关注全体学生的同时，做到因材施教；应能体现出知识与技能、过程与方法、情感态度与价值观的全面落实和培养；应恰当地运用直观教具、多媒体辅助教学手段、小组讨论、探究活动等各种方式，来展现教学方法。另外，结合教师语言、动作、态度、行为、肢体语言等表达，调动学生自主学习积极性，提高教学效果。

无生课堂重在展示教师基本功，充分发挥各方面技能，如板书、口才、组织才能、教育机智等，要求教师板书要合理规范、言简意赅，讲授要生动有趣、吸引学生，课堂应变和调控能力强，有教育机智，展现教师的文化底蕴。

### （三）教学内容和设计方面

教学内容要饱满充实、有深度。无生上课要求教师要准确清晰表述教学内容，教师对所授学科内容熟练掌握的基础上，对知识点的讲解应科学简练，用词生动形象，能够融会贯通，并做到理论联系实际。以七年级生物为例，在第三章第一节《呼吸道对空气的处理》一课中，教师教授与呼吸道有关知识，并联系社会实际，列举 SARS 病毒、禽流感病毒、甲型 H1N1 流感病毒及结核杆菌等，皆与呼吸道有关，从而提高学生学习的积极性，进而有效掌握教学内容。

教学设计要合理恰当、条理清晰，突出教学重点、突破教学难点，创设新颖的教学情境，精心设计导语，引起学生兴趣。教师要善于利用启发式教学，鼓励学生思考，培养学生学习能力。在无生课堂上，授课老师要想办法突出本节教学的重点内容，对教学难点的处理也要恰当，使学生在不知不觉中理解、掌握教学重难点。

在无生课堂中，教师的个人素养、人格魅力、对教学艺术的追求、教育理论研究水平、自身的文化的积淀、人文与科学精神的体现，也都对授课效果起着重要的作用。

## 三、无生上课评课标准

无生上课评课标准见下表 6-13。

表 6-13 无生上课评价标准表

| 评价内容 | 评价标准 | 额定分值 | 评定等级 | | | | | 应得分数 |
| --- | --- | --- | --- | --- | --- | --- | --- | --- |
| | | | 优（1） | 良（0.85） | 中（0.75） | 及格（0.65） | 不及格（0.5） | |
| 教学目标 | 目标设置明确，符合课标要求和学生实际。 | 7 | | | | | | |
| 教学内容 | 重点内容讲解明白，教学难点处理恰当，关注学生已有知识和经验，注重学生能力培养，强调课堂交流互动，知识阐释正确。 | 16 | | | | | | |
| 教学方法 | 按新课标的教学理念处理教学内容及教与学、知识与能力的关系，较好落实教学目标；突出自主、探究、合作学习方式，体现多元化学习方法；实现有效师生互动。 | 11 | | | | | | |
| 教学过程 | 教学整体流程安排合理、环节紧凑、层次清晰；创造性使用教材；教学特色突出；恰当使用多媒体课件辅助教学，教学演示规范。 | 16 | | | | | | |
| 教学素质 | 教态自然亲切、仪表举止得体，注重目光交流，教学语言规范准确、生动简洁。 | 9 | | | | | | |
| 教学效果 | 按时完成教学任务，教学目标达成度高 | 9 | | | | | | |
| 教学创新 | 教学过程富有创意；能创造性地使用教材；教学方法灵活多样，有突出的特色。 | 11 | | | | | | |
| 内容匹配 | 反映教学设计意图，突显重点、难点，能调动学生主动性和积极性。 | 9 | | | | | | |
| 构图 | 构思巧妙、富有创意，构图自然、形象直观，教学辅助作用显著。 | 9 | | | | | | |
| 书写 | 书写快速流畅，字形大小适中、清楚整洁、美观大方、规范正确。 | 3 | | | | | | |
| 合计 | | | | | | | | |

## 课后练习

### 一、选择题

1. 教学目标设计需要注意的点不包括（　　）。

A. 明确性　　B. 规范性

C. 主导性　　D. 层次性

2. 多媒体课件制作需遵循的原则不包括（　　）。

A. 教学性原则　　B. 操作性原则

C. 简约型原则　　D. 审美性原则

3. 即兴讲演基本技巧不包括（　　）。

A. 目标明确　　B. 紧扣话题

C. 情感充沛　　D. 标题新颖

4. 开展诵读活动的目的不包括（　　）。

A. 教师普通话水平要达到规定要求

B. 促进教师普通话的应用，使普通话真正成为校园语言

C. 使普通话诵读成为全体教师的自觉行为

D. 通过普通话诵读提高中小学教师的普通话水平

5. 课堂观察的四点基本要求不包括（　　）。

A. 有明确的观察目的

B. 有充足的观察内容

C. 有科学的观察方法

D. 有清晰的观察分析和结论。

### 二、判断题

1. 课堂观察是提高教师教学水平，反思课堂教学行为的专业研究活动，包括课前准备和课后评议两个环节。（　　）

2. 实践证明，说课活动有效地调动了教师投身教学改革、学习教育理论、钻研课堂教学的积极性，也是提高教师素质、培养造就研究型、学者型青年教师的最好途径。（　　）

3. 说课的特点包括：机动灵活、短时高效、交流性强、理论性强。（　　）

4. 选拔评比型无生上课主要指教育主管部门、教研部门和学校在选招“老”教师或评比教学能手等时，为了全面考核参加者的教学能力采用的一种方式，常与课堂教学设计

和教学答辩结合进行。 (　　)

5. 在无生课堂中，无须注意教师的个人素养、人格魅力、对教学艺术的追求、教育理论研究、自身的文化的积淀、人文与科学精神等。 (　　)

## 三、思考题

1. 教学设计包括哪几个部分？
2. 简述多媒体课件的评价标准。
3. 即兴演讲的基本技巧是什么？
4. 简述说课的意义与内容。

# 第七章

# “脚踏实地，砥砺前行”——教育实习评价

## 学习目标

理解：理解教育实习评价的基本要求、评定程序和评定标准。

掌握：掌握《实习日志》、《教育实习报告》和《教育实习鉴定表》的填写要求、标准及技巧。

应用：根据教育实习的评定标准，给自己规划和设计一份实习期间教学和班主任工作的方案和计划。

## 素质目标

1. 树立正确的价值观，鼓励大学生勇于面对和接受自己的不足，培养大学生抗挫折的能力。
2. 鼓励大学生保持对学习的热情和兴趣，提倡终身学习的理念。
3. 培养大学生积极思考的能力，善于总结自己的优势和劣势。
4. 培养大学生好的职业道德感和优秀的职业品质。
5. 引导大学生树立社会责任感，积极践行社会主义核心价值观。

◎案例导入

W 学院汉语言文学专业 A 同学是 2024 届毕业生。在教育实习一周之后，学院实习指导老师要求提交一周的实习日志材料。实习指导老师检查 A 同学的《实习日志》时发现其书写不规范，“实习内容”模块表述过于简洁，只有一两句话，未较好地体现专业实习的过程；“感想与体会”模块表述过多地倾向于情绪上的表达，如“今天很开心啊”“今天很无聊”等言语比较多，而对于在专业实习过程中新知识的新体验没有记录；指导老师找来 A 同学询问，发现 A 同学在此一周的实习过程中还是比较认真的，只是每天实习结束之后，没有及时填写实习日志，等接到通知才匆忙补写。由于时间有限，再加上记忆模糊，只能写一些模棱两可的内容。学院指导老师对 A 同学进行了批评，并要求 A 同学回去好好回忆和整理这一周的实习过程，重新如实认真填写《实习日志》。A 同学接受了指导老师的建议，重新进行了填写。自此之后，每天实习结束，A 同学都及时地填写当天的实习内容及感受。等实习结束之后，A 同学在检查自己的《实习日志》时，看到自己的每一点收获和成长都有记录，感慨自己在实习过程中，收获很多。

（资料来源：编者根据相关资料编写）

## 第一节 教育实习评价的概述

随着我国对教师教育的重视程度不断加深，师范生的教育实习评价也有了更高的要求。2016 年《教育部关于加强师范生教育实践的意见》提出要完善多方参与的教育实践考核评价体系，以指导教师评价为主，兼顾同伴评价、自我评价、学生评价和实践基地评价，综合运用课堂观察、学生访谈及教育实践档案分析等多样化的方式，全面客观地评价师范生教育实践。只有对师范生实行有效的教育实习评价，才能检验教育实习效果，保证教育实习的质量，为中小学教师和幼师的培养创造更为有利的条件。

教育实习评价是以师范生教育实习为评价对象所进行的一种价值判断活动。它是在依据教育实习的目标与规范标准的基础上，对师范生在实际教学环境中运用教育理论和教学技能的能力进行考查，具体包括备课、教学、班主任管理工作、批阅作业、教育调查等能力，以及实习态度等环节进行系统检测与考核，从而判断其与实习目标间的距离，以期改进的过程。

教育实习评价的标准应该体现教育、教学工作的客观规律这些具体指标，不但能使每一个师范生通过实习，严格按教育工作规律训练自己的教育教学能力，也能使学校和指导教师具体、可靠地衡量学生的实习成绩。

教育实习成绩评价是教育实习评价体系的一部分，主要是针对实习生个体实习效果所作的评价。其主要内容是对实习生在教学工作、班主任工作、教育科研工作、师德等方面的成绩进行评价。其目的在于客观评价实习生在整个教学实习期间所取得的成绩以及所存在的主要问题。

教育实习的目的是对师范生的科学文化知识、教育能力、教育科研、师德修养的全面考核和训练，为国家培养合格的人民教师。因此，教育实习评价的项目和指标，正是一个合格教师的知识、能力、科研、师德的具体化，涉及正常的教育实习中可能出现的主要问题，这四项考核评价项目不仅正确地反映教育实习的完整结构，而且对全面考核、训练、培养实习生是有益的。

## 第二节 教育实习评价的基本要求、程序和标准

### 一、基本要求

第一，教育实习师范类学生所在的学院应选派教师作为集中实习地点指导教师，（原则上每 20 名学生配 1 名指导教师）。师范类教育实习的指导教师原则上本科应为师范类专业毕业，特殊情况下可由二级学院教学委员会审定其指导资格后，方可返派。原则上，实习期间每位指导教师听课不得少于 8 节，并有听课记录，实习结束后交所在学院归档。

第二，对自主实习的学生，各院部也应安排校内指导教师负责指导、联络，了解自主实习同学的情况。指导老师名单在毕业实习计划中应列出，各指导教师应填写实习指导日志并撰写一份实习总结报告，并在实习结束一周内提交院部。各院部应在学生实习结束后的一星期内，组织三名中级以上职称的教师，对自主实习的学生进行实习答辩，对实习成绩考核、认定。实习学校负责组织指导教师，对实习生的教学和班主任工作进行认真考核，协同学校指导教师，分别按照“优秀、良好、中等、及格和不及格”五个等级评定学生各实习科目成绩。成绩“优秀”的比例应该控制在班级总人数 30%以内。

第三，学生实习期间请假天数达实习总时间的三分之一或无故离开实习岗位占实习时间的六分之一者，不予评定实习成绩；严重违纪者，除实习成绩不及格外，还要视其情节轻重，给予行政处分。涉及本学期毕业学生的期末考试安排的，各二级学院要按照期末考试的相关要求进行调整。

第四，学生实习中教学工作成绩不合格或班主任工作成绩不合格，其实习成绩一律以不及格计算。

## 二、评定程序

实习学校初评。实习学生的教学工作实习成绩、班主任工作实习成绩分别由实习学校的指导老师和班主任根据评分标准给实习学生评出等级，再由实习学校鉴定。

实习结束后一周内，由院实习领导小组召集全体指导教师，按照评分标准，对实习学生成绩进行复评，最后由院教育实习领导小组综合平衡而定。复评的实习总成绩由院教育实习领导小组向实习学生公布。

教育实习不及格者或因特殊原因经批准未参加的学生，学期期满时作结业处理，发给结业证书；如能在参加工作一年内（半年以上）完成教育实习任务，根据所在实习学校鉴定，为合格者换发毕业证书。

## 三、评定标准

### （一）教学成绩评定标准

优秀：

（1）教学态度好，勤奋刻苦，认真踏实，虚心好学。

（2）教学能力强，有创造精神，有改革意识。

（3）备课认真细致，教案标准规范，课前准备充分。

（4）教学目标明确、具体、合理。

（5）知识准确无误，重点突出，抓住关键，解决难点。

（6）恰当选用灵活多样的教学方法，讲求实效。

（7）课堂组织严谨，环节紧凑，无失误。

（8）教学基本功好，表达清楚流畅有感情，板书工整、规范，应变能力强。

（9）课堂气氛活跃，教师主导作用、学生主体作用发挥好。教学效果显著。

良：

（1）教学态度好，勤奋刻苦。

（2）认真备课，较好地掌握教学内容，教案工整，课前准备比较充分。

（3）教学目标明确、具体、合理。

（4）知识准确无误，重点突出，能抓住关键。

（5）教学方法得当，启发性强。

（6）课堂组织严谨，环节紧凑。

（7）教学基本功好，说写流畅、规范，教学效果好。

中等：

（1）教学态度好，比较勤奋。

(2) 教学能力尚可，能掌握教学内容，备课认真，教案工整。
(3) 能突出知识点，教学方法合适。
(4) 课堂控制力较好。
(5) 有一定的教学基本功，说写规范，符合要求。
及格：
(1) 教学工作态度好，比较努力。
(2) 教学能力一般，备课努力，能掌握教学内容，教案清楚工整。
(3) 课堂教学表达清楚，无知识性错误。
(4) 教学基本功一般，基本完成教学任务。
不及格：
(1) 教学工作态度不好，做事不认真刻苦。
(2) 教学能力差，讲不明白教学内容或有知识性错误。
(3) 不能完成教学任务，教学效果不好。

### （二）班主任成绩评定标准

优：
(1) 热爱学生，建立起融洽的师生关系。
(2) 以身作则，严于律己，为人师表，深受学生尊敬。
(3) 教育思想端正，教育方法得当，无体罚学生现象发生，教育效果显著。
(4) 有很强的组织管理能力，开展各种活动效果好。
(5) 虚心向指导教师学习，诚恳听取批评意见。
(6) 有创造精神和独立工作能力，主题班会开得很成功。
良：
(1) 有较强的独立工作和组织能力。
(2) 工作积极负责，严格要求自己，能作学生的表率。
(3) 严格要求学生，师生关系较好。
(4) 班级活动计划可行，深入学生，师生关系较好。
(5) 注意工作方法，开展教育活动目的明确，有思想性，效果较好。
中等：
(1) 组织能力较强。
(2) 工作认真，能严格要求自己，以身作则。
(3) 严格要求学生，师生关系较好。
(4) 班级活动开展有针对性，有一定的教育效果。

及格：

（1）工作与组织能力一般。

（2）有工作计划，进行教育活动有一定的目的性和思想性，效果一般。

（3）要求学生不够严格，师生关系一般化。

（4）能听取意见，完成各项任务。

不及格：

（1）工作组织能力差。

（2）工作消极被动，没有计划性。

（3）班级教育活动开展得很差，效果也不好。

## 第三节 教育实习的总结

教育实习结束后，各院要认真做好教育实习工作的总结与鉴定。

### 一、实习学生总结材料

一是每个实习的学生在实习过程中要填写一本《实习日志》。实习日志是记录实习过程的资料，要求学生在实习期间每个工作日都要写，每周需请实习学校指导教师和校指导教师审核签字。

二是每个实习的学生在实习过程中要填写一本《教育实习报告》。此报告是记录本人实习过程和实习收获，是评定学生实习成绩的重要依据，要求认真填写。

三是每个实习的学生在实习结束后要填写《教育实习鉴定表》。教育实习鉴定表是记录师范生实习成绩的档案，一式两份。成绩鉴定后，一份交学院保存，一份毕业时放入学生个人档案。

自主实习的学生应在实习结束后的一周时间内，参加由院部组织的自主实习答辩并提交实习总结等各项材料。

### 二、学校指导教师总结

一是学校指导教师在实习结束后一周内对学生实习给予鉴定，评定实习成绩。

二是指导教师应写本组实习工作总结（实习结束后一周内完成），内容包括：对实习质量的分析评价，参加指导实习工作的收获和体会，对校、院组织教育实习工作的建议等。

## 三、各院部教育实习工作总结

在指导教师总结的基础上，由各学院教育实习领导小组负责完成。内容应包括：

一是教育实习工作的基本情况；

二是教育实习工作质量的分析和评估；

三是教育实习中存在的问题；

四是对学校本科专业教学工作的改革意见和今后组织教育实习工作的建议等。

实习结束两周内，各教育实习小组向实习组织学院报送推荐优秀实习组、优秀实习学生名单，选送实习学生的优秀教案、实习工作经验、调查报告等，并同时上交书面工作总结。在汇总指导教师实习总结的基础上，由各院实习领导小组指定专人负责，于实习结束后三周内写出本届毕业生的教育实习总结报告（一式二份），一份学院自存，一份送教务处。学院的总结应包括：实习基本情况（包括实习学生成绩等各种统计数字）、实习质量分析和评价、实习工作中存在的问题，对实习工作的建议以及对本院今后的教学工作的改进意见等。

实习结束后，各学院应及时召开实习汇报会或经验交流会并吸纳下一届部分学生代表参加。

## 四、实习档案管理

教育实习文件和资料是学校教学业务档案的重要组成部分，是积累实习经验、提高实习工作质量的重要基础。为此，必须根据学校档案工作有关要求，认真做好教育实习文件和资料的管理工作。

教育实习文件和资料分别由学校教务处和实习组织学院教务办归口管理，实行专人负责。

实习组织学院档案管理负责人做好各专业实习工作原始资料和部分材料的收集、整理、汇总和登记等管理工作（实习大纲、实习计划、实习通讯、指导教师登记表、实习总结、实习成绩登记表同时交教务处备案；实习计划必须在学生实习前半个月交教务处，实习总结必须在实习结束半个月内交教务处）。存档材料包括如下几方面。

一是组织管理方面研究和安排实习工作的重要会议的记录，采取的措施、步骤，对教育实习工作的新构想以及有关实习工作的方案、制度。

二是基地建设方面基地建设情况，包括基地数量、完备率、利用率。

三是实习过程及效果方面：

（1）教学文件：实习大纲、实习计划、任务书、指导书。

（2）实习状况：学生实际实习率、实习通讯、简报、图片、实习学校反馈信息。

（3）指导力量：指导教师登记表、指导措施。

（4）考核与成绩：实习日记、实习总结、教育调查报告、实习成绩登记表、优秀教案等。

4. 实习生个人教育实习档案：

实习周记、听课记录表、课堂实录、教学实习工作计划、班主任实习工作计划、文字教案。

附件 6

# 池州学院学生专业实习守则

一、实习生应按学校规定时间参加全部的实习工作，按照实习计划的规定完成各项实习任务，积极认真地做好实习工作，刻苦钻研业务，努力克服实习中的困难，团结互助，争取获得优良的实习成绩。

二、自觉遵守我校有关实习的规定和实习单位的规章制度。工作时间要专心致志，未经许可，不得擅自离开实习单位。

三、尊重实习单位领导，虚心接受指导教师和实习单位指导人员的指导，严格遵守请示汇报制度。对实习单位的干部职工要有礼貌。如要对实习单位的工作提出建议，应与指导教师商量，由指导教师转达。

四、艰苦朴素、爱护公物，节约水电、粮食、办公和实习材料。做到“五讲四美”，注意言行举止。

五、注意积累实习材料，提倡写实习日记。

六、认真填写有关表格，不允许弄虚作假，不允许向实习单位有关人员和指导教师询问实习成绩，更不允许以不正当的手段获取成绩。

七、必须按实习单位的要求保守秘密。对向实习单位借用的各种资料和物品，应认真保管，不得遗失，外传，并要按时归还，不得损坏物品。

# 附件 7

## 教育实习评价的相关文件及表格

表 7-1 实习日志

| | | | |
|---|---|---|---|
| 实习单位 | | | |
| 实习时间 | | 实习地点 | |
| 实习内容 | | | |
| 感想与体会 | | | |
| 实习基地指导教师评语 | | | |
| 学校指导教师评语 | | | |

表 7-2　组织班级活动情况考评表

| | | | |
|---|---|---|---|
| 实习单位 | | 组织者 | |
| 组织时间 | | 组织地点 | |
| 主题 | | | |
| 指导思想 | | | |
| 活动形式 | | | |
| 筹备过程 | | | |
| 活动程序 | | | |

续表

| | |
|---|---|
| 活动效果 | |
| 指导教师评语 | 指导教师签名：<br>年 月 日 |

表 7-3　教育调查报告

| 教育调查报告 |
| --- |
| 报告主题：<br>调查单位：<br>调查对象：<br>调查方式：<br>调查起止时间：<br>报告内容：（可附页） |

续表

<table>
<tr><td><br><br><br><br>签名：<br>年 月 日</td></tr>
<tr><td>指导教师评价：<br><br><br><br>指导教师签名：<br>年 月 日</td></tr>
</table>

**表 7-4　教育实习综合能力评价表（由实习学校填写）**

| 一级指标 | 二级指标 | 分值 | 评定标准 | 成绩评定 |
|---|---|---|---|---|
| 教学工作（90）分 | 课前准备 | 8～10 分 | 虚心接受指导，充分了解学生学习情况。反复修改教案，精心设计、准备教具或实验。 | |
| | | 7 分以下 | 能接受指导，对学生学习情况了解不够全面。教案仓促定稿，课前准备不充分。 | |
| | 教材处理 | 8～10 分 | 把握整体，注意联系，重、难点处理得当。 | |
| | | 7 分以下 | 只看局部、不见整体，把握不住重、难点。 | |
| | 语言表达 | 5～6 分 | 能讲普通话，表达清晰、流畅并具有一定的艺术性。 | |
| | | 4 分以下 | 方言很重，表达拘谨死板，条理不清。 | |
| | 文字表达 | 5～6 分 | 训练有素，书写规范，板书设计合理。 | |
| | | 4 分以下 | 书写不规范、潦草难认，板书设计随意。 | |
| | 教学方法 | 8～10 分 | 教态自然、方法得当、深入浅出，启发学生思维，激发学习兴趣，课堂时间安排合理。 | |
| | | 7 分以下 | 教态拘谨，以“满堂灌”为主，学生学习被动，课堂气氛沉闷，内容及时间安排随意。 | |
| | 教学效果 | 8～10 分 | 学生完全理解并能灵活运用所学课程的基本理论和基础知识，能掌握本课程的学习方法，分析问题和解决问题能力较强。 | |
| | | 7 分以下 | 学生没有理解或部分理解了所学课程的基本理论和基础知识，灵活运用不够，分析问题和解决问题能力不强。 | |
| | 批改作业及辅导 | 6～8 分 | 批改作业仔细，注意记录作业中的问题并及时辅导，因材施教。 | |
| | | 5 分以下 | 批改作业马虎，作业中的问题不能及时反馈，辅导针对性不强。 | |
| | 班级管理 | 8～12 分 | 明确班主任工作职责与要求，了解班级管理理论与艺术，积极主动抓班级管理，联系班级实际开展好主题班会，注意发挥干部作用，班级管理井井有条。 | |
| | | 7 分以下 | 对班主任工作的职责与要求不甚了解，班级管理较为被动，不能联系实际开好主题班会，没有发挥班干部作用，班级管理无起色。 | |
| | 思想工作 | 8～10 分 | 以身作则，为人师表，热爱并关心每一位学生，及时发现和处理班级存在的问题，能密切与家长配合做细致的思想工作，师生关系融洽。 | |
| | | 7 分以下 | 关心学生不全面，不能及时发现和处理班级存在的问题，思想工作不细致，方法简单，师生关系不融洽。 | |

续表

<table>
<tr><th>一级指标</th><th>二级指标</th><th>分值</th><th>评定标准</th><th>成绩评定</th></tr>
<tr><td rowspan="2">教学工作(90)分</td><td rowspan="2">开展活动</td><td>6～8分</td><td>有较强的组织能力，能联系实际，积极主动组织课外文体或科技活动，活动开展有声有色。</td><td rowspan="2"></td></tr>
<tr><td>5分以下</td><td>没有组织开展课外活动，组织能力较差。</td></tr>
<tr><td rowspan="4">教育调整(10)分</td><td rowspan="2">理论与方法的运用</td><td>4～5分</td><td>能运用教育理论，掌握调查方法开展教育调查。</td><td rowspan="2"></td></tr>
<tr><td>3分以下</td><td>虽进行了教育调查，但未能掌握科学的理论与方法。</td></tr>
<tr><td rowspan="2">调查的效果</td><td>4～5分</td><td>选题有代表性，反映出的问题有深度，提出的措施有针对性。</td><td rowspan="2"></td></tr>
<tr><td>3分以下</td><td>调查仅列出一些表面现象与问题，解决问题的措施无针对性。</td></tr>
<tr><td>评价总分</td><td colspan="2"></td><td>评价等级</td><td></td></tr>
<tr><td>综合评价及改进意见</td><td colspan="4">实习学校公章：<br>年　月　日</td></tr>
<tr><td>说明</td><td colspan="4">1. 实习学校综合本校指导教师和该班学生意见如实填写。<br>2. “综合评价及改进意见”栏主要对教学工作、班主任工作能力予以评价，并提出具体的改进意见。<br>3. 此表评价情况作为实习学校评定该实习生实习成绩的主要依据。<br>4. “评价等级”根据“评价总分”按85分以上为“强”、84～75分为“较强”、74～60分为“一般”、59分以下为“差”来确定。</td></tr>
</table>

表 7-5　学校教育实习评定表

| | |
|---|---|
| 实习主要内容 | |
| 个人总结教学实习、班主任实习和教育实习调查中主要做法、收获和建议 | ＊可附页<br><br>实习生签字：<br>年　月　日 |

<table>
<tr><td colspan="2">教学工作评语</td><td>成绩评定（满分 60 分）</td></tr>
<tr><td colspan="2"></td><td></td></tr>
<tr><td colspan="3">指导教师（签名）</td></tr>
<tr><td colspan="2">班主任工作评语</td><td>成绩评定（满分 25 分）</td></tr>
<tr><td colspan="2"></td><td></td></tr>
<tr><td colspan="3">指导教师（签名）</td></tr>
<tr><td colspan="2">教育调查工作评语</td><td>成绩评定（满分 15 分）</td></tr>
<tr><td colspan="3"></td></tr>
<tr><td colspan="3">指导教师（签名）</td></tr>
<tr><td colspan="2">实习总分：</td><td>实习等级：</td></tr>
<tr><td>实习学校意见</td><td colspan="2">签字（盖章）：<br>年　月　日</td></tr>
</table>

| | |
|---|---|
| 学院领导小组意见 | 盖章：<br>年　　月　　日 |
| ×××学校实习领导小组意见 | 签字：<br>年　　月　　日 |

表 7-6 ×××届毕业生实习情况一览表

| 序号 | 院部 | 专业 | 姓名 | 学号 | 学生联系电话 | 实习单位 | | | 实习方式 | 本校指导老师及联系电话 | 备注 |
|---|---|---|---|---|---|---|---|---|---|---|---|
| | | | | | | 名称及联系电话 | 地址 | 实习单位指导老师及联系电话 | | | |
| | | | | | | | | | | | |
| | | | | | | | | | | | |
| | | | | | | | | | | | |
| | | | | | | | | | | | |
| | | | | | | | | | | | |
| | | | | | | | | | | | |
| | | | | | | | | | | | |
| | | | | | | | | | | | |
| | | | | | | | | | | | |
| | | | | | | | | | | | |
| | | | | | | | | | | | |
| | | | | | | | | | | | |
| | | | | | | | | | | | |
| | | | | | | | | | | | |
| | | | | | | | | | | | |
| | | | | | | | | | | | |
| | | | | | | | | | | | |
| | | | | | | | | | | | |
| | | | | | | | | | | | |
| | | | | | | | | | | | |
| | | | | | | | | | | | |
| | | | | | | | | | | | |
| | | | | | | | | | | | |
| | | | | | | | | | | | |
| | | | | | | | | | | | |
| | | | | | | | | | | | |
| | | | | | | | | | | | |

## 课后练习

### 一、选择题

1. 教育实习评价的基本要求不包括以下哪项？（　　）

A. 实习生需完成所有规定的教学任务

B. 实习生需遵守学校的各项规章制度

C. 实习生需提交一份详细的实习报告

D. 实习生需获得学校所有教师的一致好评

2. 以下哪项不是教育实习评价的标准之一？（　　）

A. 教学设计能力

B. 课堂管理能力

C. 学生考试成绩

D. 与同事的沟通协作能力

3. 教育实习评价的程序通常遵循以下哪个顺序？（　　）

A. 实习前准备→实习中指导→实习后评价

B. 实习中指导→实习后评价→实习前准备

C. 实习后评价→实习前准备→实习中指导

D. 实习前准备→实习后评价→实习中指导

4. 师范生教育实习成绩评定中，以下哪项不是考核指标？（　　）

A. 师德体验

B. 教学工作实习

C. 班级管理工作实习

D. 学生考试成绩

5. 教育实习成绩评定中，以下哪项情况会导致实习成绩评定为不合格？（　　）

A. 实习生未能按时提交实习材料

B. 实习生因病事假超过实习时间的三分之一

C. 实习生擅自离岗一周以上

D. 以上所有情况

### 二、判断题

1. 教育实习评价只包括实习生的教学表现。（　　）

2. 实习生在实习期间的自我评价对最终评价没有影响。（　　）

3. 在教育实习中，只要学生对教师的授课满意，就可以评定为优秀。（　　）
4. 教育实习的评定结果只由指导教师一人决定。（　　）
5. 教育实习评定中，教师的课堂管理能力不是评价的重点。（　　）

## 三、思考题

1. 通过教育实习，师范生应该从哪些方面调整自己？
2. 教育实习评价对师范生成长的意义。

# 参考文献


[1] 莫国炜，庞锦英，张丽霞. 师范院校不同教育实习模式的比较与评价[J]. 广西师范学院学报(自然科学版)，2018，35(03)：133-136.

[2] 刘万强，王雯颖，张雪珠. 师范生在教育实习中的角色定位及影响因素调查研究[J]. 当代教育理论与实践，2019，11(4)：5-6.

[3] 雷四维，谭亲毅. 论师范生教育实习的思想政治教育功能[J]. 集美大学学报(教育科学版)，201920(2)：7-8.

[4] 陈时见，刘凤妮. 师范生教育实习的目标定位与实践路径[J]. 教师教育研究. 2022，34(2)：15-21.

[5] 马丹. 浅析小学综合实践教学的优化策略[J]. 中国校外教育，2018(12)：2.

[6] 何晋中. 教师备课的价值取向与实践路径[J]. 课程教学研究，2018(12)：3.

[7] 张义红. 高校教师备课的“六部曲”[J]. 广东蚕业，2018，52(11)：2.

[8] 白静. 高职师范教育与小学教学的对接与整合：以“双减”政策下小学语文教师的职前实践教学培养为例[J]. 开封文化艺术职业学院学报，2022，42(6)：90-92.

[9] 高文强，吕秉华. 医学卫生类青年教师如何准备说课比赛[J]. 广东职业技术教育与研究，2020(4)：4.

[10] 黄侃. 教师怎样提高听评课的有效性[J]. 江苏教育，2018(78)：3.

[11] 张琪，孙晓红. 小学数学听评课操作体系构建[J]. 当代教育与文化，2019(19)：6.

[12] 方玉红. “互联网+教育”促进区域内教师听评课能力发展的策略分析 [J]. 云南教育(小学教师)，2021(9)：3.

[13] 马仁海，颜拥军. 高水平特殊教育专业群建设必须关注的几个问题：以襄阳职业技术学院特殊教育专业群建设为例[J]. 现代职业教育，2020(1)：3.

[14] 宋会敏. “统编本”语文教材的语文知识评估[D]. 上海：上海师范大学，2019(5)：36.

[15] 邓霜娇. 部编初中语文教科书的选文质量研究[D]. 重庆：重庆师范大学，2020(6)：55.

[16] 姜舒婷. 小学生语文阅读素养调查研究[D]. 镇江：江苏大学，2018(6)：65.

[17] 谢淑珍. 高职小学教育专业教育实习评价模式的改革与探索[J]. 九江职业技术学院学报，2018(1)：3.

［18］李玉珍. 基于可雇佣性的职前教师教育实践评价体系建构［J］. 教书育人(高教论坛)，2023(8)：48-53.
［19］黄丹丹. 应用型高校学前教育本科专业实践教学案例探析［J］. 高教论坛，2020(9)：50-53.
［20］苗凤华. 教育实习指南［M］. 北京：科学出版社，2018：35-42.
［21］汪小容. 备课方法管窥：以《绿色千岛湖》为例［J］. 新课程研究，2018(5)：3.
［22］单元文. 初中英语高效课堂教学初探［J］. 基础教育论坛，2019(7)：48-49.
［23］郭槐香. 在评课中提升教师的反思能力［J］. 文学教育，2019(13)：1.
［24］韦丽银，徐学福. 我国公开课研究：回顾、反思与展望［J］. 教育导刊，2019(2)：58-63.
［25］蒋红瑛. 浅谈数学师范生在教学实习备课中如何落实素质教育［J］. 四川职业技术学院学报，2018，28(6)：4.
［26］汪建华. 师范生教育实习中的“知识转化”：内涵与特征［J］. 海南师范大学学报(社会科学版)，2018，31(3)：123-127.
［27］陈金波，李诺，王健，等. 基于教育实习的师范生教学实践能力培养体系构建［J］. 生物学通报，2018，53(7)：4.
［28］邓楚雄，李菡娉，丁锐. 本科师范生教育实习模式创新初探［J］. 南方农机，2018，49(20)：2.
［29］赵玉玲. 地方院校师范生就业能力中的师范特色培养研究［J］. 三门峡职业技术学院学报，2018，17(3)：4.
［30］李晓琦. 高职院校学前教育专业实习管理机制研究［D］. 济南：山东师范大学，2017：22-28.
［31］王晓青. 教育实习对师范生实践性知识的影响研究［D］. 扬州：扬州大学，2017.
［32］黎斌. 中等职业学校教育实习存在的问题及对策研究［D］. 湘潭：湖南科技大学，2017.
［33］范煜璟. 培养高职院校学前教育专业的学生成为成熟的幼儿文学读者［J］. 求学，2021，(4)：31-32.